全民经典阅读

U0460405

周义——主编

超越自我
——以大局为重的决策力

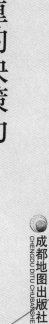

成都地图出版社
CHENGDU DITU CHUBANSHE

图书在版编目（CIP）数据

超越自我：以大局为重的决策力 / 周义主编 . --
成都：成都地图出版社有限公司 , 2024.8
ISBN 978-7-5557-2489-6

Ⅰ . ①超… Ⅱ . ①周… Ⅲ . ①决策学 Ⅳ . ① C934

中国国家版本馆 CIP 数据核字（2024）第 065670 号

超越自我——以大局为重的决策力
CHAOYUE ZIWO——YI DAJU WEI ZHONG DE JUECELI

主　　编：周　义
责任编辑：杨雪梅
封面设计：李　超

出版发行：成都地图出版社有限公司
地　　址：四川省成都市龙泉驿区建设路 2 号
邮政编码：610100

印　　刷：三河市人民印务有限公司
（如发现印装质量问题，影响阅读，请与印刷厂商联系调换）

开　　本：710mm×1000mm　1/16
印　　张：10　　　　　　　　字　　数：130 千字
版　　次：2024 年 8 月第 1 版
印　　次：2024 年 8 月第 1 次印刷
书　　号：ISBN 978-7-5557-2489-6

定　　价：49.80 元

前　言

　　社会生活五光十色，不同的人有着不同的价值观和理想。是非善恶并不像黑白分明的标签，贴在每一人、每一事之上。现实生活中，人们的追求有多个层次，有的高尚，有的中庸，有的低俗，有的邪恶。有时我们会面对似是而非、界限模糊的情况，这就需要我们学会认真思考并理性分析。

　　一种行为是善还是恶，一件事是正确还是错误，应该做什么，不应该做什么，这是每个人心中都不能缺少的一把良知标尺。这把标尺的核心就是正确的是非善恶观。青少年时代是确立是非观的重要阶段，我们经历的每一事，都在铸造自己良知的标尺。以美好道德陶冶自己的心灵，懂得法律规范，我们的标尺才不会弯曲变形。榜样是标尺上的刻度，选择善良正义的人作为自己的榜样，我们就能避免误入歧途。

　　但社会是复杂的，善恶美丑无所不包。接受怎样的社会影响，对于我们成长为怎样的人至关重要。来自各方的社会信息，我们都要在头脑中过滤筛选，运用良知的标尺加以判别。只有吸收有益的营养，剔除有害的毒素，我们才能健康成长。

　　在我们的生活中，长辈、亲朋的教导，报刊、书籍、电视、互联网是我们了解生活的主要渠道，但这些渠道的传播也必然带着社会的复杂性。对长辈的言行，我们也需要分清是非，问个究竟，而不能无原则地一概服从。长辈如果做错了，我们也应该帮助他们纠正。在公共传媒这座无边无际的信息森林里，我们要采摘什么、抛

弃什么、避开什么，学会选择便是最重要的生存手段。

　　人最大的敌人往往是自己。有趣、新奇、刺激的诱惑俘虏意志薄弱者，带他们离开正道。只有坚定自己的意志，把握正确的良知标尺，才能抵御诱惑。有时还必须打破情面。有的人并非全无是非观念，而是身不由己，被动追随。也许是应同学、朋友之邀，也许是因长辈亲属的带领，明知不对，却不敢坚持原则，从而追随他人，做出错事。人生的旅途中，有无数个正与误、善与恶的岔路口。这时，正确的是非观念将给你勇气和指引，使你不至于失足懊悔。

目 录

第一章

不为利动　清正廉洁

不为利动的子罕

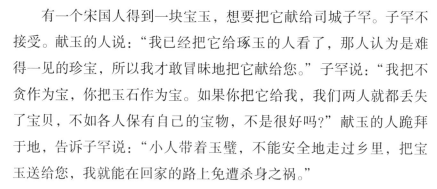

不受曰廉，不污曰洁。

——王逸

超越自我
——以大局为重的决策力

有一个宋国人得到一块宝玉，想要把它献给司城子罕。子罕不接受。献玉的人说："我已经把它给琢玉的人看了，那人认为是难得一见的珍宝，所以我才敢冒昧地把它献给您。"子罕说："我把不贪作为宝，你把玉石作为宝。如果你把它给我，我们两人就都丢失了宝贝，不如各人保有自己的宝物，不是很好吗？"献玉的人跪拜于地，告诉子罕说："小人带着玉璧，不能安全地走过乡里，把宝玉送给您，我就能在回家的路上免遭杀身之祸。"

于是，子罕把献玉的人安置在自己的乡里，并请一位玉工替他雕琢。子罕卖出宝玉后，把钱交给献玉的人，让他变得富有后才让他返回家乡。

"一钱太守"刘宠

士非俭无以养廉，非廉无以养德。

——《元史·乌古孙泽传》

刘宠是东汉时期的大臣。他任会稽郡（今浙江绍兴）太守时，轻徭薄赋，废除不合理的法令制度，禁止官吏欺压百姓，郡内秩序井然，百姓安居乐业。

后来，朝廷任命他为将作大匠（主管工程建设的官员）。在他离任时，百姓们依依不舍。山阴县若邪山谷的五六位鬓发斑白的老人各带了一百文钱赶来，想送给他，可刘宠不肯收。老人们流着泪对刘宠说："我们是山谷小民。前任郡守屡屡扰民，夜晚也不放过，有时狗竟然整夜狂吠不止，民不得安。可自从您上任以来，夜晚狗都不叫了，官吏也不抓捕老百姓了。现在我们听说您要离任了，故奉送这点儿小钱，聊表心意。"刘宠说："我的政绩远远不及几位老者说的那样好，倒是辛苦父老了！"老人们一定要他收下，盛情难却，刘宠只好收下几位老人各一文钱。他出了山阴县界，就把钱投到了江里。后人将该江改名为"钱清江"，还建了"一钱亭""一钱太守庙"。从此，"一钱太守"的美称便流传开来。

刘宠入京后，历任将作大匠、宗正、大鸿胪、司空、司徒、太尉等职。有一次，他出京到外地去，路经亭舍想进去休息一下，亭舍的小吏拒而不纳，说："我们这里特意整顿洒扫一番，专门等待刘宠大人到来。你有什么资格来住呢？"刘宠听了，一言不发，悄然离去。当时人们听到这件事，都称颂他是一位忠厚的长者。

汉灵帝建宁二年（169年），刘宠被免职返回乡里，后因年老患病，在家中去世。

清初，监察御史杨维乔在刘宠墓前题诗："居官莫道一钱轻，尽是苍生血作成。向使特来抛海底，莒波赢得有清名。"刘宠清廉俭朴的美德，被世人奉为楷模。

杨震拒金

> 种树者必培其根，种德者必养其心。
>
> ——王守仁

东汉荆州刺史杨震要改任东莱太守了。他是悄悄离任的，若要告之下属，张扬出去，地方士绅、长老定要锣鼓喧天地领着四乡百姓送行，献上个"廉明清正"之类的牌匾，送上荆州的特产，甚至以盘缠之名送上银两。可他厌恶这一切，为官者以民为本，为百姓办的好事再多，也是为官的本分，如若接受了这名这物，不就成了以官为本的贪官了吗？

他和老仆只雇了一辆两轮的篷车，装上他的书箱、衣物，主仆二人上车后，车里的空间还很大。记得来荆州上任时，也是这些东西，离任时未添物品很让他欣慰。他曾对老仆说过，如果离开荆州时，车中东西多了，他就不是一个清官。"你看，我的东西多了吗？"他问老仆。"似乎还少了些。""那我是以清白之身离开荆州的了。"车上传出主仆二人爽朗的笑声。

　　杨震本想简装赶路，不惊扰任何人，可到昌邑县住进驿馆后，县令王密就到了。"先生到了昌邑，学生不知，未能远迎，罪过，罪过。"王密大汗淋漓，进屋便向杨震施礼。"你还是知道了。"杨震冷冷地回答。他很不喜欢官场应酬的恶习，更不希望看到王密也学会这些东西。"是驿长禀报我的。"王密看出杨震的不快，连忙解释说："先生是我的恩师，到了我的辖地，我怎能不来拜见呢？"杨震在荆州刺史任上时，见王密是个人才，便举荐他做了昌邑县令。可杨震发现，当年那个英姿勃发的少年才子，如今也变得暮气沉沉了。

　　掌灯时分，王密又来驿馆拜会杨震，神色诡谲地在屋门外张望片刻后，关上了屋门。杨震正欲责问王密，王密已从携带的布袋中取出十斤黄金悄悄地放到桌上。杨震愀然作色。"这是干什么？"他喝问。"学生的一点心意。"王密在杨震嗔怒的目光下有些慌乱。"你不知我为官的信条吗？""学生早知，可现在无人知晓。""天知，神知，你知，我知，怎么是无人知晓？"杨震强压着怒火，他感到自己的人格受到了侮辱，声音都变得颤抖了。王密被吓得不敢再说半句。"王密啊，"杨震慨叹道，"我当年举荐你，是知你是个贤能之士。可如今，我不知你，你也更不知我了。"王密听罢，羞愧难当，收起桌上的黄金退出了屋。

　　第二天，晨曦微露，杨震便上路了。他看看车上的物品，还是

那样多，唇间露出了一丝微笑。

中国的知识分子自古便以"慎独"作为修身的准则。"慎独"，就是在一人独处的情况下依然严格自律，不做任何违背道义的事情。"杨震拒金"的故事便是对"慎独"最好的诠释。

洁身自好的明朝廉吏王翱

> 从善如登，从恶如崩。
>
> ——《国语》

王翱是明朝名臣，深受皇帝重用。他 70 岁时，被任命为吏部尚书，一干就是十五年，直到去世。他身居官场几十年，尽管位高权重，但他始终保持公正、廉洁的品质。

王翱身居铨衡重地，却能用贤治国，深知官贤与否关系到国家的治与乱。他深知"一事得人则一事理，一邑得人则一邑安"的道理，所以他对选拔官吏极为慎重。在当时的官场上请托之风很是盛行，吏部更是钻营的重点对象。但王翱却以用贤报国为己任，决不拿手中的权力做交易。对权势者的嘱托，他都毅然拒之，辞色俱厉。为了防止别人登门拜谒，他在公务之外的时间常宿于官署，很少回家。所以在他任职期间，"门无私谒，权势请托不敢行"。

王翱身居朝堂，手握重权，但对自己要求却很严，经常穿破旧的衣服。一次，明英宗召见王翱后，王翱转身离开，明英宗见其衣服破损，又将他叫回问其中原因。王翱只好说是当天碰巧穿了这件衣服，接到召命没有来得及换衣。

对于钱财，王翱更是"淡然无欲"。他曾与某监军太监共事，两人关系很好。后来，他改任两广总督，临行前，太监以四颗西洋明珠相赠，王翱坚决不收。太监说："这些明珠不是受贿所得，而是先皇所赐。我得了八颗，现将其中一半相赠作为纪念。"王翱只好收下，但却把这四颗西洋明珠缝在袄中。后来，王翱奉命还朝掌管吏部，此时这位太监已死，王翱找到太监的两个侄子，了解到他们生活困难后，将从未动过的袄拆开，拿出明珠转赠他们。

王翱的清廉不仅表现在忠于职守上，还表现在治家有法上。他的一个孙子因恩荫而入太学。一年秋试，他的这个才华平庸的孙子也想一试科场，企图金榜题名。于是他想让王翱私下帮助他，可王翱坚决反对，说："如果你确有才华，我当然不阻止你一试身手。可是你偏偏平平无奇，如果我帮助你，势必埋没一个真正有才能的人。"

在原则面前，王翱对家人也是寸步不让。王翱有一个女儿，嫁给了在京城附近做官的贾杰。王夫人十分喜爱这个女儿，经常接女儿回家省亲。妻子临行前，贾杰总是在她面前埋怨："岳父把我调入京城，易如反掌，哪里还有这么多麻烦！"王翱的女儿将此事告诉了母亲王夫人，王夫人也觉得有几分道理。一次，王夫人乘王翱开怀畅饮之际，婉转请求将女婿调入京城。谁知王翱大怒，说："以权谋私的事之后不要再提！"直到王翱去世，贾杰也没有被调入京城。

摒弃奢华的张俭

辽圣宗御驾云州（今山西大同），他要在云州辖界的莽莽山野中狩猎。所经之处，地方官员纷纷献上所能搜寻到的最贵重的礼品。可云州太贫瘠了，实在无物可献。

不过，谁也没有料到两手空空的云州节度使在圣驾莅临之后，不仅泰然自若，而且露出得意的神色。"皇上，臣下无能，"节度使拜见圣宗说，"臣下境内无物可献。"

"难道连人都没有吗？"圣宗不高兴了。节度使连忙叩首道："臣下正要禀告，新科进士、幕官张俭堪称大辽瑰宝，愿献于皇上。"以人为宝，一句气话竟成了真，这是圣宗始料不及的。但这毕竟是件很新奇的事情，圣宗立即召见张俭。张俭质朴无华，给圣宗留下了良好的第一印象。接着，圣宗要他讲讲当前治国的紧要问题，张俭不假思索，口若悬河，说出三十余条。就像久无收获的觅宝者无意中遇到了梦寐以求的宝藏，圣宗看着眼前这个粗衣布履的年轻人，欣喜若狂，甚至对狩猎都失去了兴趣。他当即收下了云州节度使的这件"宝物"。

张俭能力超人，一路升迁，直至做到左丞相，但他依然像做云州幕官时一样温良谦和，依然像寒窗苦读时一样勤俭朴素。穿衣只穿粗布衣，吃饭只吃一种菜，俸禄只要有节余，就去周济亲朋故友。

这可苦了朝上的官员。辽国国力日渐雄厚，奢侈之风也在朝野兴起，官员纷纷穿上锦缎华服。可进宫后望着面前左丞相的粗布旧袍，他们总是忐忑不安。这种场面是很滑稽的，因为了解张俭的人都知道，他是在以身施教，讽喻下属官员，让他们摒弃奢华。

重熙五年（1036 年）冬天出奇地冷，张俭上朝奉事，兴宗见他又穿上那件破旧的棉袍上殿，便密令侍者暗中用火夹在张俭的棉袍上烙了一个洞作为记号，看他是不是总穿这一件，也好借此为他换上一件新袍。

第二天上朝，兴宗一眼看到张俭棉袍上的烙洞。"他还是没换啊！"兴宗不禁慨叹一声。一连数日，张俭都穿着破棉袍上朝，兴宗忍耐不住了，问："张俭，你为什么总穿这件旧棉袍？""因为还能穿呀！"张俭说，"这件棉袍已穿了三十年，每年天暖后将它翻洗干净，入冬取出穿上，能抵御寒风，与新袍无二，因而无须换新袍。""可朝中大臣都着华服，你身为丞相，却旧袍披身，他们心中一定很不舒服。"张俭向兴宗躬身施礼，礼罢，庄重地对兴宗道："皇上授臣重任，是让臣辅佐皇上安邦定国。现在朝野上下奢华之风甚浓，再这样下去，就会伤及大辽国本。我身为丞相，只能有制止奢风之责，怎么能随波逐流呢？"兴宗被感动了，更觉张俭这件"瑰宝"的贵重。"国之幸也！"他在内心呼喊着。"丞相以国为重，甘于清贫，令天下人敬仰。"兴宗很想将赞美之辞都赐给张俭，但他还是决定实施他的计策。"可你的旧袍上有了一个洞，再穿上它有损朝廷的礼仪，还是做件新的吧。你现在就到内府库房，里面所有的物品任你选取。"皇上的旨意是不能违背的，何况是一片好意呢，张俭只好随侍者到内府。很快，张俭捧着三端（古时的布帛长度单位）布回到殿上谢恩。兴宗不解地说："张俭，内府库房没有锦缎了吗？""锦缎的色彩把臣的眼睛都看花了。""那你为什么只选了这点布？""臣已习惯布袍，做一件足矣。"兴宗听罢，长叹一声，感慨地说："天下为官者若都如张俭丞相以勤俭为本，国家何愁不强盛，百姓何愁不富足啊！"

中华民族自古就将勤俭作为衡量人品行的一个标准。奢华是败国败家的温床，唯有勤俭是治国治家的瑰宝。张俭身在高位，却将勤俭身体力行，实在难能可贵。

不为五斗米折腰的陶渊明

> 不戚戚于贫贱，不汲汲于富贵。
>
> ——陶渊明

陶渊明，东晋诗人、辞赋家、散文家，名潜，字元亮，私谥靖节。浔阳柴桑（今江西九江西南）人。陶诗沿袭魏晋诗歌的古朴作风而进入更纯熟的境地，像一座里程碑，标志着古朴的诗歌所能达到的高度。陶渊明又是一位创新的先锋，成功地将"自然"提升为一种美的至境；将玄言诗所表达的玄理改为日常生活中的哲理，使

超越自我
——以大局为重的决策力

诗歌与日常生活相结合，开创了田园诗派。

陶渊明不仅诗文非常有名，而且他蔑视功名富贵，不肯趋炎附势的高风亮节也同样很有名。

陶渊明生活的时代，朝代更迭频繁，社会动荡，人民生活非常困苦。义熙元年（405 年）秋，陶渊明请求到离家乡不远的彭泽当县令。这年冬天，他的上司派一名官员来视察。这位官员是一个粗俗傲慢的人，他一到彭泽县的地界，就派人叫县令去拜见他。

陶渊明得到消息，很瞧不起这种假借上司名义发号施令的人，但也只得马上动身。不料县吏拦住陶渊明说："参见这位官员要十分注意小节，衣服要穿得整齐，态度要谦恭，不然的话，他会在上司面前说你的坏话。"

一向正直清高的陶渊明再也忍不住了，长叹一声说："我宁肯饿死，也不能因为五斗米的官饷，向这样差劲的人折腰。"他马上解下印绶辞官而去，离开只当了八十多天的县令职位，从此再也没有做过官。

从官场退隐后的陶渊明，在自己的家乡开荒种田，过起了自给自足的田园生活。在田园生活中，他找到了自己的归宿，写下了许多优美的田园诗歌。他以"暧暧远人村，依依墟里烟"写农家人生活的悠然自得，以"采菊东篱下，悠然见南山"写自己的舒畅心情，以"种豆南山下，草盛豆苗稀""不言春作苦，常恐负所怀"写劳作的辛苦。

田园生活既是美好的，也是十分艰辛的，不劳作就没有收获，遇到天灾人祸，即使劳作也是一无所获。晚年的陶渊明生活贫困，特别是一场大火把他的全部家当烧毁之后，全家人的生活更是雪上加霜。最后，陶渊明在贫病交加中去世。

陶渊明最大的成就，在于他以自己的亲身体验为基础，以自己卓越的诗歌才华，极大地丰富了田园题材的创作。在前人诗歌中罕见的桑、麻、鸡、狗等平凡事物，一经他写入诗中，无不生趣盎然，而他描写的大自然，常常能激起人们的无限向往。

除诗之外，陶渊明还给后人留下不少精美的散文，其中最著名的是《桃花源记》。在这篇作品中，陶渊明描绘了一个乌托邦式的社会，那里没有动乱，没有朝代变更，没有国家君臣，没有徭役赋税，百姓过着丰足、与世无争的美好生活。陶渊明以优美的语言，使这篇作品产生了永久的魅力。

拒绝重金的关天培

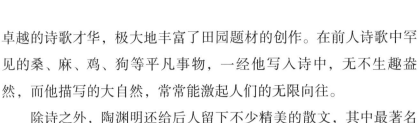

> 君子喻于义，小人喻于利。
>
> ——《论语·里仁》

关天培，字仲因，号滋圃，江苏山阳（今属淮安）人。关天培幼年时读过儒书，1803 年考取武庠生，中武秀才，授把总。1834 年，他被提升为广东水师提督，镇守虎门要塞，直至殉国。至今在民间还流传着很多关于他的故事。

关天培任扬州营中军守备时，数任县官皆因未破获私铸币案而被革职。最后，有人推荐关天培担此任，他用引鱼上钩妙策捉住私铸犯，私铸犯给他重金，被他拒绝。清仁宗以"年壮技优，晓畅营务"为名，接见关天培，并让他连升两级。

1834 年，关天培任广东水师提督，一入南雄，便下入境告示：不准送上任银，不许铺张浪费……顺德的张玉堂都司偏偏送来银钱，关天培不仅拒收，还责罚他一番，将他从都司降到把总，连降三级。

关天培一到广东，就听人反映十三行总商伍秉鉴与鸦片贩内外勾结，走私贩卖鸦片。他经实地调查，抓住把柄，与林则徐一起提审这些犯人。伍秉鉴说："愿以家资报效关大人。"关天培断然拒绝，之后还配合林则徐在虎门销烟，大振水师虎威。

关天培曾亲率水师连续数次击败英国侵略者的野蛮进犯，迫使英国侵略者一直不能以武力打开广州这个重要门户。英国侵略者头子见武力打不开广州门户，便暗中派人星夜送信，妄图以重金收买关天培。关天培怒斥送信者，将其重掷在地上，并挥刀砍下身边碗口粗的木棉树，说："告诉你的主子，高官、重金都收买不了我，我人在广州在，誓与广州共存亡。"

关天培阵亡后，随从孙长庆拼命跑上山寻找他的尸首，最后扛着他的尸首下山。英国侵略者钦佩关天培，以英国礼节放炮送关天培的尸首下山。

关天培是著名的民族英雄，为巩固祖国南方海防，为根除鸦片祸害，为捍卫祖国的主权，为捍卫中华民族的独立，竭尽心力，鞠躬尽瘁，用热血和生命写下了中国近代史上反侵略斗争的光辉篇章。

第一章

不为利动 清正廉洁

第二章

尊重事实 崇尚诚信

自请伏剑的李离

> 但立直标，终无曲影。
>
> ——《旧唐书》

李离是春秋时期晋国的理官（掌管刑狱），素以断案公正闻名。

一次，李离的下属办案时贪赃枉法，将真凶放走，把无辜者抓起来，屈打成招。李离失察，判了此人死刑。待此人被处死后，李离才醒悟过来，但已铸成不可挽回的大错。他一方面严厉处罚了下属，另一方面缉拿真凶。此案虽然以真正的凶手被捉拿归案，冤死者沉冤昭雪而了结，但李离却为自己的错杀而痛苦不堪，终日食不甘味。此案结案后，他给自己戴上枷锁，进宫去见晋文公。

晋文公见李离戴着枷锁进殿，惊疑地问："发生了什么事，让你这个样子来见我？"李离跪下说："我有违大王的信任，身为理官，却错杀了好人。请求大王依法将我处死，为枉死者偿命。"李离将误判错杀的经过如实地禀告晋文公。晋文公听后，长嘘一口气，说："我以为出了什么大事，原来是错判了一个案子。你不要这样自责，凡事总会有失当之处。就像任用官吏，虽然公允地衡量过每个人的才能，但任命职位时仍难免有偏高偏低的情况出现；审理案件，处以刑罚就更难免出现偏重偏轻的问题。何况这次错判主要是你属下的问题，并不是你的罪过。"

李离丝毫不因晋文公为自己的罪过开脱而自喜，他反驳说："在掌管刑狱的官员中我的职位最高，却从来没有把自己的地位让给属下；我享受国家的俸禄最多，也从来没有将俸禄分给属下。现在我错判了案子，枉杀了好人，反而把罪责推诿给属下，这是没有道理的。"

晋文公越发钦佩李离，可表面上却怒形于色。他斥问李离："你认为自己有罪，可这个官是我任命的，那么我也有用人不当之罪了？如果你受处罚，那么我该怎么办？"

李离明白晋文公的用意，但他决心以死来维护国家法律的尊严。他说："国家的法令早已明文规定，执法的官吏给犯人施错了什么刑，自己就要受什么刑；我错杀了好人，自己也应被处死。大王是认为我能够秉公执法，才任命我掌管刑狱，可现在我辜负了您的信任，听信诬告，枉杀了好人，依法应该被处死。既然您不忍心下令处死我，就请允许我自己执行吧。"李离说完，拔剑自刎而死。

执法如山是令人钦佩的，李离因自己的误判而以自刎的方式来维护国法的权威和尊严，更令人敬服。在这律己护法的品质后面，我们还看到了李离有过错不推诿，勇于承担责任的高尚情操。

超越自我
——以大局为重的决策力

崇尚诚信的刘备

起兵之初的刘备由于没有根基，被曹操追杀，只得带着关羽、张飞、赵云投靠了荆州的刘表。

张武在江夏造反，刘表交给刘备三万人马到江夏平乱。两军对阵时，因张武的战马极其雄骏，引得刘备在阵前赞不绝口。一旁的赵云见主公喜爱之物在张武坐下，挺枪而出，直取张武，战不到三合便将张武挑下马来，随后将战马牵回，献给了刘备。

平乱凯旋，刘表看到刘备的新坐骑健骏超群，称赞不已。刘备正愁无以表达对刘表的感激之情，立即将马送给了刘表。

刘表骑上此马非常得意，他的部下蒯越懂相马之术，对刘表说："此马眼下有泪槽，额边生白点，名为'的卢'，骑则害主人。张武因此马而亡，主公万不可乘。"刘表细品蒯越的话，很相信，第二天便将的卢马送还给刘备。刘备骑的卢马出城，被刘表的幕僚伊籍拦住。"将军千万不可乘此马。"伊籍恳切地说。刘备忙下马恭敬地向伊籍求教。"我昨日听到蒯越对主公说，此马名'的卢'，乘之害主，因而今日主公将此马送还将军，将军怎么可以再乘它

17

呢？""谢谢先生的指教，"刘备抚摸着的卢马头说，"可人生死在天，岂是马能左右的呢？"刘备不以为然，依旧骑上的卢马而去。

刘备的到来，引起了刘表的妻子蔡夫人和她的弟弟大将蔡瑁的不满，认为志向远大的刘备一定会将荆州占为己有，于是决定除掉刘备。

蔡瑁代刘表在襄阳宴请百官，请刘备赴宴。席间充满了亲和的气氛，百官纷纷向刘备敬酒。

自从伊籍指出的卢马的利害后，刘备与他便成了知己。此刻，伊籍乘向刘备敬酒的机会，边使眼色，边悄声说："请更衣。"刘备会意，借口上厕所，离开宴席。"将军快逃吧。"伊籍到后园见到刘备后，急切地说，"蔡瑁已备下刀斧手，就要下令杀你。"刘备大惊，骑上的卢马，冲出襄阳西门，飞驰而去。

蔡瑁得知刘备逃走，立即带兵追杀。

的卢马快，襄阳城渐远。刘备正暗中庆幸，一条水急浪翻的河拦住了去路。河为檀溪，宽数丈，无桥可行。眼看追兵将到，情急中，刘备纵马下河，孰料仅行数步，的卢马的前蹄便陷到泥里。此刻，追兵在阳光下闪着白光的盔甲已清晰可见，转瞬间便要追到河边。

刘备拼尽力气，扬鞭打马，高呼道："的卢，的卢，你真的要害我吗？"

奇迹发生了。受到鞭笞的的卢马突然扬鬃长嘶，从水中一跃而起，就像腾云一般飞到了西岸。

刘备逃出蔡瑁的追杀，回到新野城。一日，他在街市上见一位鹤骨仙风的先生吟歌走来，像是个贤达之士，便下马拜见。来者姓单名福，果然是个名士。刘备向单福求教平天下的大事，单福却指着的卢马说："此为的卢马，害主，不可乘之。"

刘备说："此言已应验了。"

单福摆摆手："的卢檀溪一跃是救主，但它终要害一个主人的。我有一个办法，将军将它赐给仇人，仇人被的卢伤害后，将军再乘就无妨了。"

刘备听罢，勃然变色："先生明知的卢害主，却让我为自己之利送出害人。我不敢再请教你了。"单福大笑："我是在试探将军的心啊。将军果然是个有仁德之心的人，我愿辅佐将军了。"

"己所不欲，勿施于人"是孔子的名言，是说自己不愿意做的事情，就不要强加在别人身上。刘备"的卢马害主不送人"的故事体现了以博爱之心待人，崇尚诚信，蔑视欺诈，让社会充满和谐的道德风尚。

知错就改的刘邦

> 忠言逆耳利于行，毒药苦口利于病。
>
> ——《史记·留侯世家》

汉高祖刘邦是西汉的开国皇帝，字季，沛县丰邑中阳里（今属江苏丰县）人。秦末农民战争中，刘邦被项羽封为汉王，战胜项羽后，因此将国号定为"汉"。为了和后来刘秀建都洛阳的"汉"区别，历史上称其为西汉。

公元前 207 年，刘邦率大军到咸阳后，进入秦宫探看。但见宫室华丽，各处宝物不计其数，都是他从未见到过的。每到一处，都有许多美丽的宫人向他跪拜。他越看越感到新奇，兴味也越来越浓。于是，他打算住在宫内享受一番。部将樊哙发现刘邦要住在宫中，就问："沛公是想拥有天下呢，还是只想当一个富家翁呢？"刘邦回答说："我当然想拥有天下。"樊哙真诚地说："臣进入秦宫里，见到里面的珍奇财宝不可胜数，后宫美人数以千计，这些都是导致秦朝灭亡的东西啊。望沛公迅速返回灞上，千万不要留在宫中。"刘邦对樊哙的劝谏不以为然，还是准备住在宫中。

谋士张良知道这件事后，对刘邦说："秦王无道，百姓反抗，打败了秦军，沛公才能来到这里。您为天下除掉害民的暴君，理应克勤克俭。如今刚入秦地，就想享乐。俗语说：'忠诚正直的劝告往往不顺耳，但有利于行为；药性猛烈的药吃的时候很苦，但有利于疾病。'希望沛公听从樊哙的忠告。"刘邦听了，终于醒悟过来，马上下令将府库封起来，关掉宫门，随即率军返回灞上。

不以出身论英雄的狄青

目了则形无不分，心敏则理无不达。

——刘勰

狄青（1008—1057），字汉臣，北宋汾州西河（今山西汾阳）人。面有刺字，善骑射。狄青出身贫寒，宋仁宗宝元初任延州指挥使，作战英勇而且善于谋略。在宋夏战争中，他每战披头散发，戴铜面具，冲锋陷阵，立下了累累战功。

狄青本是京城禁军里的一个普通兵士。他从小练得一身武艺，骑马射箭，样样精通，加上胆壮力大，后来被选拔做了小军官。西夏的元昊称帝以后，宋仁宗派兵到边境去防守，狄青被派到陕西保安（今陕西志丹）。

不久，西夏军进攻保安。保安的宋军多次被西夏军打败，兵士们一听说打仗都有点害怕。守将卢守勤正为了这件事发愁时，狄青主动要求让他担任先锋，抗击西夏军。卢守勤见狄青愿意当先锋，自然高兴，就拨给他一支人马，跟前来进犯的西夏军交战。

每逢上阵，狄青都要先换一身打扮。他把发髻打散，披头散发，头上戴着一个铜面具，只露出两只炯炯的眼睛。他手拿一支长枪，带头冲进敌阵，东挑西杀。西夏军自从进犯宋境以来，没有碰

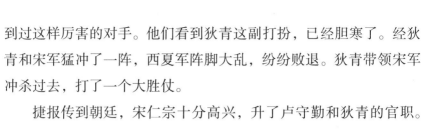

到过这样厉害的对手。他们看到狄青这副打扮，已经胆寒了。经狄青和宋军猛冲了一阵，西夏军阵脚大乱，纷纷败退。狄青带领宋军冲杀过去，打了一个大胜仗。

捷报传到朝廷，宋仁宗十分高兴，升了卢守勤和狄青的官职。宋仁宗还想把狄青召回京城，亲自接见。后来，因为西夏军又进犯渭州，调狄青去抵抗，所以不得不推迟召见狄青的时间。宋仁宗只好叫人给狄青画了肖像，送到朝廷去。

以后几年里，西夏军不断在边境各地进犯，弄得地方不得安宁。狄青前后参加了二十五次大小战斗，受了八次箭伤，从没有打过一次败仗。西夏兵士一听到狄青的名字，就吓得不敢跟他交锋。

范仲淹刚到陕西的时候，有人推荐，当地有个叫狄青的军官，英勇善战，有大将的才干。范仲淹正需要将才，听后很感兴趣，立刻召见狄青，问他读过什么书。狄青识字不多，答不上来。范仲淹劝他说："你现在是个将官了。做将官的如果不能博古通今，只靠个人的勇敢是不够的。"接着，他还鼓励狄青读一些书。

狄青见范仲淹这样热情鼓励他，十分感激。之后，他利用打仗的空隙刻苦读书。过了几年，他把秦汉以来名将的兵法都读得很熟，又因为立了战功，不断得到提升，名声更大。后来，宋仁宗把他调回京城，担任马军副都指挥使。

宋朝有个残酷的制度。为了加强军事管理和减少逃兵，兵士的脸上会被刺字。狄青当小兵的时候也被刺过字。过了十多年，尽管狄青当了大将，但是脸上还留着黑色的字迹。

有一次，宋仁宗召见他，认为大将脸上留着黑字很不体面，就叫狄青回家以后敷药，把黑字除掉。狄青说："陛下不嫌我出身低微，按照战功把我提到这个地位，我很感激。至于这些黑字，我宁愿留着，让兵士们见了，知道该怎样上进！"

宋仁宗听了，很赞赏狄青的见识，更加器重他。后来，狄青多次立功，被提拔为掌握全国军事的枢密使。一个小兵出身的人当上枢密使，这是宋朝历史上从来没有过的事。有些大臣嫌狄青出身低微，劝宋仁宗不要把狄青提到这么高的职位，但是宋仁宗这时候正在重用将才，没有听这些意见。狄青当了枢密使，总有人觉得他的出身和地位太不相称。有一个自称是唐朝名相狄仁杰后代的人，拿了狄仁杰的画像，送给狄青说："您不也是狄公的后代吗？不如认狄公做祖宗吧！"狄青谦虚地笑了笑说："我本来是个出身低微的人，偶然碰到机会得到高位，怎么能高攀狄公呢？"

敢于质疑的李时珍

君子不以形迹疑人，亦不以言语信人。

——申居郧

李时珍（约1518—1593），字东璧，蕲州人。李时珍是中国历史上著名的医学家、药学家和博物学家，所著的《本草纲目》是药学集大成的著作，对后世的医学和博物学研究影响深远。

李时珍的祖父、父亲都当过医生。父亲李言闻对药草很有研究，李时珍从小受父亲的影响，常常跟小伙伴一起上山采集各种药草。日子一长，他能认得各种草木，还知道什么草能治什么病，他的医药知识渐渐丰富起来。

　　但是，在那个时代，做一个普通医生是被上层社会看不起的。李言闻自己是医生，却要李时珍读书科考。李时珍在父亲督促下，十四岁考中秀才，但是之后参加乡试，三次都没有考中。别人都替他可惜，但李时珍却并不因此失望。他的志愿是做个替百姓治病的好医生。打那时候起，李时珍就一心一意跟他父亲学医。这一年，他的家乡发生一场大水灾，水退以后，又流行疫病，生病的都是没钱的穷苦百姓。李时珍家并不宽裕，但是父子俩都很同情穷人。穷人找他们看病，他们都悉心医治，不计报酬。老百姓认为他们医术高明，治病热心，都很感激他们。

　　我国古代很早就有了医书。秦汉时，有人写过一本《神农本草经》，之后一千多年又出了许多新的医书。李时珍为了提高医术，读了许多古代的医书。他常常替当地的王公贵族看病，于是靠他行医看病的方便，向王公贵族家借医书看。这样一来，他的学问就越来越丰富，医术也越来越高明了。

　　李时珍的名气越来越大，被他治好病的人，到处宣传，附近州县得病的人，也赶来请李时珍看病。

　　有一次，楚王的儿子得了病，虽然也有医官，但是谁都没法治好。这孩子是楚王的命根子，楚王怎么不着急？有人告诉楚王，只有找李时珍，才能治好这种病。楚王赶快派人把李时珍请到王府。李时珍一看病人的脸色，再按了按脉，就知道孩子得的这种病是肠胃病引起的。他开了个调理肠胃的药方，叫人上药铺抓了药。楚王的儿子一吃药，病就全好了。

　　楚王十分高兴，把李时珍留在了楚王府。没过多少日子，正碰上朝廷征求人才，楚王就把李时珍推荐到太医院去。

　　太医院是当时最高的医疗机构。当时，明世宗对真正的医学并不重视，只迷信一批骗人的方士，在宫里做道场，炼金丹，想凭这些办法使自己长生不老。李时珍是一个正直的医生，不习惯那种乌烟瘴气的环境。他在太医院待了一年，就辞职回家了。

李时珍辞去官职，回家的路上，游历了许多名山胜地。他上山不是为了欣赏景色，而是为了采草药，研究各种草木的药用性质。

有一次，他到武当山去，听说那里产一种榔梅，吃了能使人返老还童，人们把它称作"仙果"。宫廷的贵族都把它当作宝贝一样，要地方官吏年年进贡，并且禁止百姓采摘。李时珍并不相信真有什么仙果。为了弄清真相，他冒着危险，攀登悬崖峭壁，采到了一颗榔梅，带回家乡。经过他详细研究，才知道那种果子只不过像一般梅子一样，有生津止渴的作用，根本谈不上什么仙果。

李时珍从长期的医疗工作和采集药物的过程中，得到了不少科学的资料。他发现古代医书上的记载，有不少错误。而且，经过那么多年，人们又陆续发现了许多古书上没有记载过的药草。因此，他就决心编写一本新的完备的药书。回家以后，他花了将近三十年的时间，写成了著名的医药著作《本草纲目》。在这本书里，一共记录了一千八百九十二种药，收集了一万多个药方，为祖国医药科学的发展做出了伟大的贡献。

《本草纲目》成书以后，广为流传，已经被翻译成德文、英文、法文、俄文等许多种文字，在医药界占有重要的地位。

至于迷信炼丹、一心想长生不老的明世宗，不但没能长生不老，还因为误服了有毒的"金丹"，丢了性命。

亲身探索的徐霞客

徐霞客（1587—1641），名弘祖，字振之，号霞客，南直隶江阴（今属江苏）人。他是明朝末期地理学家、探险家和文学家。他开辟了地理学上系统观察自然、描述自然的新方向。后人整理他的日记编成的《徐霞客游记》既是系统描述祖国地质地貌的地理名著，又是描绘华夏风景的旅游巨作，还是文字优美的文学佳作，在国内外具有深远的影响。

徐霞客从小爱读历史、地理一类书籍、图册。在私塾读书的时候，老师督促他读儒家经书，他往往背着老师，把地理书放在经书下面偷看，看到出神的时候，禁不住眉飞色舞。父亲去世后，徐霞客决心亲自到名山大川去游历考察一番。但是他想到母亲年纪大了，家里没人照顾，便没敢提这件事。当母亲了解到他有这样的愿望时，跟他说："男儿志在四方，哪能为了我留在家里，做篱笆下的小鸡、马厩里的小马呢？"母亲为他准备行装，还给他缝制了一顶远游冠。有了母亲的支持，徐霞客远游的决心更坚定了。

徐霞客二十二岁那年开始外出游历。他先后游历了太湖、洞庭山、天台山、雁荡山、泰山、武夷山、五台山、恒山等名山。每次游历回家，他都跟亲友谈起各地的奇风异俗和游历中的惊险情景，别人都吓得说不出话来，他母亲却听得津津有味。

后来，母亲去世，徐霞客就把他的全部精力扑在游历考察的事业上。在五十岁那年，他开始了一次漫长的旅行。他花了四年时间，游历了湖南、广西、贵州、云南等省，一直到我国边境腾冲。他跋山涉水，到过许多人迹罕至的地方，攀登悬崖峭壁，考察奇峰异洞。

有一次，他经过一座高耸的山峰，发现悬崖上有一个岩洞，根本无路可通。他冒着生命危险，像猿猴一样爬上了悬崖，终于到达了洞口。

又有一次，他在湖南茶陵，听说当地有个麻叶洞，洞里有神龙或者精怪，不会法术的人都不敢进洞。徐霞客不信神怪，他出了高价雇个当地人当向导，进洞考察。正要进洞的时候，向导问他是什么人。当他知道徐霞客是个普通读书人的时候，向导吓得直往后退，说："我以为您是什么法师，才打算跟您一起进洞。原来您是个读书人，我才不冒这个险呢。"徐霞客并不罢休，带着他的仆人，举起火把进洞了。村里的百姓听到有人进洞，都拥到洞口来看热闹。徐霞客在洞里考察了很久，一直到火把快烧完才出来。围在洞口的百姓看他们安全出洞，都十分惊奇，说："我们等了好久，以为你们一定被妖精吃了呢。"

徐霞客漫游西南的时候，除了随身的一个仆人外，还有一个名叫静闻的和尚和他做伴。有一次，他们在湘江乘船的时候，遇到了强盗，他们的行李财物被洗劫一空。后来，静闻和尚不幸在半路上死去。到最后，连他随身的仆人也逃走了。但是这些挫折都没有动摇他探索自然的决心。

徐霞客在旅途中，每天晚上休息之前，都要把当天见到的、听到的详细记录下来。即使是在荒山野岭露宿的日子，他也总是在篝火旁，伏在包袱上坚持写日记。

1641年，徐霞客去世，留下了大量日记，这实际上是他的地理考察记录。经过实地考察，他纠正了过去地理书上记载的错误，发现了过去没人记载过的地理现象。比如古代地理书上说岷江是长江的上游，徐霞客经过考察，弄清楚了长江上游不是岷江而是金沙江。又如他在云南腾冲打鹰山考察的时候，发现了火山爆发的遗迹。他在游历中考察最多的是岩溶地貌，在桂林七星岩，他对那里千姿百态的石钟乳等进行了详细的记录。这是世界上最早研究岩溶地貌的记录。

后来，人们把他的日记编成《徐霞客游记》。这部书不但是我国古代地理学的宝贵文献，而且是一部优秀的文学著作。

第三章

开放思想　不迷信权威

破除迷信的西门豹

西门豹是战国时期魏国人。生卒年不详。在魏文侯时期任邺县（今河北临漳西南）县令。他是一位无神论者，民间流传着他很多破除迷信的小故事。

魏文侯时，西门豹任邺县县令。他到邺县，会集地方上年纪大的人，问他们有关老百姓疾苦的事情。这些人说："苦于给河伯娶媳妇，因为这个缘故，本地民穷财尽。"西门豹问这是怎么回事，这些人回答说："邺县的三老、廷掾每年都要向老百姓征收赋税、搜刮钱财，收取的这笔钱有几百万，他们只用其中的二三十万为河伯娶媳妇，然后和巫祝一同分剩余的钱。到了为河伯娶媳妇的时候，女巫巡查时看到小户人家的漂亮女子，便说：'这女子适合做河伯的媳妇。'下聘后，给她洗澡洗头，给她做新的丝绸花衣，让她独自居住并沐浴斋戒。此外，还要在河边给她建好供闲居斋戒用的房子，挂起赤黄色和大红色的绸帐，并给她准备酒食。这样经过十几天，大家又一起装饰好那像嫁女儿一样的床铺枕席，让这个女子坐在上面，然后把它推到河中。床铺起初在水面上漂浮着，漂了几十里便沉没了。那些有漂亮女儿的人家，担心大巫祝替河伯娶她们，因此大多带着自己的女儿远走他乡。也因为这个缘故，城里越来越空荡无人，以致更加贫困，这种情况由来已久。老百姓中间流传有'假如不给河伯娶媳妇，就会大水泛滥，把老百姓都淹死'的说法。"西门豹说："到了给河伯娶媳妇的时候，希望三老、巫祝、父老都到河边去送新娘，也请你们来告诉我这件事，我也要去送送这个新娘。"这些人都说："好。"

到了为河伯娶媳妇的日子，西门豹到河边与长老相会。三老、官员、有钱有势的人、地方上的父老也都会集在此，来看热闹的老百姓也有二三千人。那个巫祝是个老婆子，已经七十岁了。跟着来的女弟子有十来个人，都身穿丝绸单衣，站在她的后面。西门豹说："叫河伯的媳妇过来，我看看她长得漂亮不漂亮。"人们马上扶着那个女子出了帷帐，走到西门豹面前。西门豹看了看女子，回头对三老、巫祝、父老们说："这个女子不漂亮，麻烦大巫祝到河里去禀报河伯，我们需要重新找一个漂亮的女子，迟几天送她去。"随后就叫差役们一齐抱起大巫祝，把她抛到河中。过了一会儿，西门豹说："大巫祝为什么去这么久？叫她的弟子去催催她！"差役们又把她的一个弟子抛到河中。又过了一会儿，西门豹说："这个弟子为什么也去了这么久？再派一个人去催催她们！"差役们又抛一个弟子到河中。总共抛了三个弟子到河中。西门豹说："巫祝、弟子，这些都是女人，不能把事情说清楚。请三老替我去说明情况。"于是，差役们又把三老抛到河中。西门豹弯着腰，恭恭敬敬，面对河站着等了很久。长老、廷掾等在旁边看着，都很害怕。西门豹说："巫祝、三老都不回来，怎么办？"他想再派廷掾或者长老到河里去催他们。这些人都吓得在地上叩头，而且把头都叩破了，额头上的血流了一地，脸色像死灰一样。西门豹说："好了，暂且留下来再等他们一会儿。"过了一会儿，西门豹说："廷掾可以起来了，看样子河伯留客要留很久，你们都散了，回家去吧。"邺县的官吏和老百姓都非常惊恐，从此以后，不敢再提起为河伯娶媳妇的事了。

接着，西门豹就征发老百姓开挖十二条渠道，把黄河水引来灌溉农田。那时，老百姓对开渠感到有些厌烦，就不大愿意。西门豹说："可以和老百姓共享成果，不可以和他们一起谋划事情。现在父老子弟虽然认为因我而受害受苦，但可以预期百年以后父老子孙会想起我今天说过的话。"直到现在，西门豹主持修建的这个水利工程仍在发挥作用。

广开言路的邹忌

求言非难，听之难；听之非难，察而用之难。

——《宋史》

邹忌，又作"驺忌"，齐人。田齐桓公时任大臣，齐威王时为相，封于下邳（今江苏睢宁北），号成侯，后又事齐宣王。

齐威王立志改革，思贤若渴。邹忌鼓琴自荐，劝说齐威王奖励群臣吏民进谏，主张修订法律，监督官吏，严明赏罚，并选荐得力大臣坚守四境。推行的改革，使齐国国力渐强。时势造就英雄，邹忌很有才干。他是齐威王的得力助手，帮助他持政，出谋划策。

公元前 356 年，齐威王即位，据说起初他不理朝政。相传，他曾把邹忌召去弹琴消遣，邹忌只是大谈特谈乐理，就是不奏曲。齐威王不高兴地说："你的乐理说到我的心坎里了，但光知道这些不够，还需审知琴音才行，请先生试弹一曲吧。"

邹忌说："臣以弹琴为业，当然要尽心研究弹琴的技法；大王以治国为要务，怎么可以不好好研究治国大计呢？我抚琴不弹，就没法使您乐意，怪不得齐人瞧见大王拿着齐国的大琴，几年来没弹过一回，都不乐意呢！"

齐威王十分惊愕，和他大谈治国的道理，邹忌竟说得头头是道。于是齐威王拜他为相国，整顿朝政。

此外，邹忌还以相貌著称，品德也十分受人夸赞。

这天早晨，身材修长、容貌俊美的邹忌穿好衣服，戴上帽子，照了照镜子后问妻子："我和城北的徐公比，谁更美呢？"

妻子说："徐公哪有您美呢？"

邹忌想：徐公是齐国有名的美男子，自己哪里比得上他呢？

他又问妾："我和城北的徐公比，谁更美呢？"妾说："徐公不如您美！"白天来了位客人，邹忌把对妻、妾说的话又说了一遍。那客人恭恭敬敬地说："徐公确实不如您美。"第二日，恰好徐公来访，邹忌横看竖看，觉得自己哪里有他美呢？晚上，他想了又想，最后明白了："妻子说我比徐公美，是偏护我；妾说我比徐公美，是怕我；客人说我比徐公美，是想讨好我。"于是，邹忌上朝对齐王说："臣确实自知不如城北的徐公美，但臣的妻子偏护我，臣的小妾怕我，臣的客人对我有所求，所以都说我比徐公美。由这件事，我联想到：我们齐国，地有方圆千里，城有一百二十。宫里的姬妾，没有不偏护大王的；朝里的大臣，没有不怕大王的；齐国四境之内的人，没有不对大王有所求的。这样看来，大王所受的蒙蔽是多么厉害呀！"

齐威王听了邹忌巧妙的劝谏，觉得很对，就下令说："以后不管是谁，凡是能当面指责我过失的，可以得最上等的赏赐；能用书面文字批评我的过失的，可以得中等的赏赐；能在大庭广众之下非议我的，只要让我知道，就可得下等的赏赐。"这道命令颁布后不久，文武百官纷纷上朝来向齐威王提出意见，齐威王吸收合理的部分，不断改正自己的错误。一年之后，大家都觉得提不出什么意见了。齐国因此渐渐强盛起来。

为国争光的詹天佑

> 见日月不为明目，闻雷霆不为聪耳。
>
> ——《孙子兵法·形篇》

詹天佑，字达朝，祖籍婺源，1861年出生在一个普通家庭。儿时的詹天佑对机器十分感兴趣，常和邻里孩子一起，用泥土仿做各种机器模型。有时，他还偷偷地把家里的自鸣钟拆开，摆弄和琢磨里面的构件，提出一些连大人也无法解答的问题。1872年，詹天佑到香港报考清政府筹办的"幼童出洋预习班"。考取后，父亲在一张写明"倘有疾病生死，各安天命"的出洋证明书上画了押。从此，他辞别父母，怀着学习西方"技艺"的理想到美国就读。

詹天佑是我国杰出的爱国工程师。今京包线北京至张家口这一段铁路，就是在他的主持下修筑的。这是第一条完全由我国的工程技术人员设计施工的铁路干线，长约二百千米。

当时，清政府刚提出修筑的计划，一些帝国主义国家就出来阻挠，他们都要争夺这条铁路的修筑权，想进一步控制我国的北部。帝国主义者谁也不肯让谁，事情僵持了好久都得不到解决。他们提出一个条件：清政府如果用本国的工程师来修筑铁路，他们就不再过问。他们以为这样一要挟，铁路没法子动工，最后还得求助于他们。可是帝国主义者完全想错了，中国那时候已经有了自己的工程师，詹天佑就是其中的一位。

1905 年，清政府任命詹天佑为总工程师，修筑从北京到张家口的铁路。消息一传出来，全国都轰动了，大家说这一回咱们可争了一口气。帝国主义者却认为这是个笑话。有一家外国报纸轻蔑地说："能在南口以北修筑铁路的中国工程师还没有出世呢。"原来，从南口往北过居庸关到八达岭，一路都是高山深涧，悬崖峭壁。他们认为，这样艰巨的工程，外国著名的工程师也不敢轻易尝试，至于中国人，是无论如何也完成不了的。

詹天佑不怕困难，也不怕嘲笑，毅然接受了任务，马上开始勘测线路。哪里要开山，哪里要架桥，哪里要把陡坡铲平，哪里要把弯度改小，都要经过勘测，进行周密计算。詹天佑经常勉励工作人员说："我们的工作首先要精密，不能有一点儿马虎。'大概''差不多'这类说法不应该出自工程人员之口。"他亲自带着学生和工人，扛着标杆，背着经纬仪，在峭壁上定点、测绘。塞外常常狂风怒号，黄沙满天，一不小心还有坠入深谷的危险。不管条件怎样恶劣，詹天佑始终坚持在野外工作。白天，他攀山越岭，勘测线路；

晚上，他就在油灯下绘图、计算。为了寻找一条合适的线路，他常常请教当地的农民。遇到困难，他总是想：这是中国人自己修筑的第一条铁路，一定要把它修好；否则，不但惹外国人讥笑，还会使中国的工程师失掉信心。

铁路要经过很多高山，不得不开凿隧道，其中数居庸关和八达岭两条隧道的工程最艰巨。居庸关山势高，岩层厚，詹天佑决定采用从两端同时向中间凿进的办法。山顶的泉水往下渗，隧道里满是泥浆。工地上没有抽水机，詹天佑就带头挑着水桶去排水。他常常跟工人们同吃同住，不离开工地。八达岭隧道长约一千一百米，是居庸关隧道的三倍长。他跟老工人一起商量，决定采用竖井开凿法。先从山顶往下打一口竖井，再分别向两头开凿，外面两端也同时施工，把工期缩短了一半。

铁路经过青龙桥附近，坡度特别大。火车怎么才能爬上这样的陡坡呢？詹天佑顺着山势，设计一种"人"字形线路。北上的列车到了南口就用两个火车头，一个在前边拉，一个在后边推。过青龙桥，列车向东北前进，过了"人"字形线路的岔道口就倒过来，原先推的火车头拉，原先拉的火车头推，使列车折向西北前进。这样一来，火车上山就容易多了。

京张铁路不满四年就全线竣工了，比原来的计划提早两年。这件事给了藐视中国的帝国主义者一个有力的回击。今天，我们乘火车去八达岭，过青龙桥车站，可以看到一座铜像，那就是詹天佑的塑像。许多到中国来游览的外宾，看到詹天佑留下的伟大工程，都赞叹不已。

改革新政的范仲淹

> 不要迷信权威，人云亦云，要树立独立思考的科学精神。
>
> ——谈镐生

范仲淹（989—1052），字希文，苏州吴县（今江苏苏州）人。他是北宋的名臣，也是政治家、文学家，谥号文正。

范仲淹小时候父亲去世，因为家里贫穷，母亲不得不带着他改嫁到一个姓朱的人家。范仲淹在十分艰苦的环境中成长，住在一个庙宇里读书，穷得连三餐饭都吃不上，天天只能熬点薄粥充饥，但是他仍旧刻苦学习。有时候，范仲淹读书到深更半夜，实在倦得睁不开眼，就用冷水泼在脸上，等倦意消失了，继续攻读。就这样苦读了五六年，他终于成为一个很有学问的人。

范仲淹原来在朝廷当谏官，因为看到宰相吕夷简滥用职权，任用私人，就向宋仁宗大胆揭发。没想到这件事触怒了吕夷简，吕夷简反咬一口，说范仲淹结交朋党，挑拨君臣关系。宋仁宗听信吕夷简的话，把范仲淹贬谪到南方，直到宋夏战争发生，才把他调到陕西去。

范仲淹在宋夏战争中立下了大功，宋仁宗觉得他的确是个人

才，就把范仲淹从陕西调回京城，担任参知政事。

范仲淹一回到京城，宋仁宗马上召见他，要他提出治国的方案。范仲淹知道朝廷弊病太多，不可能一下子都改掉，便准备一步一步来。但是，他禁不住宋仁宗一再催促，就提出了十项改革主张：明黜陟、抑侥幸、精贡举、择官长、均公田、厚农桑、修武备、覃恩信、重命令、减徭役。

宋仁宗正在改革的兴头上，看了范仲淹的方案，立刻批准在全国推行这十条改革措施。历史上把这次改革称为"庆历新政"（庆历是宋仁宗的年号）。

但范仲淹的新政刚一推行，就像捅了马蜂窝一样。皇亲国戚、权贵大臣、贪官污吏纷纷闹了起来，散布谣言，攻击新政。有些原来就对范仲淹不满的大臣，天天在宋仁宗面前说范仲淹等人结交朋党，滥用职权。

宋仁宗看到反对的人多，就动摇起来。范仲淹被逼得在京城待不下去，就自动要求回到陕西戍守边境，宋仁宗同意了他的请求。范仲淹一走，宋仁宗就下令把新政全部废止，改革以失败告终。

提起范仲淹，人们难免会想起他的名篇《岳阳楼记》。其中的千古名句"先天下之忧而忧，后天下之乐而乐"，正是范仲淹一生为人做官的真实写照。

不管是当小官还是掌大权，他为官都是心怀社稷，廉洁奉公，以天下为己任，世人称他为"五胆忠臣"。

一胆：敢于指责朝政。宋仁宗时大兴土木，朝廷从陕西征购木材，运往京城建造宫殿。范仲淹看到浩大的土木建设给民众带来的苦难后，不顾他人劝阻，上书直陈弊端和危害，引起了宋仁宗的高度重视和警醒，立即停止了宫殿建设，并要求臣民"以仲淹为忠"。后来，他还针对朝政存在的问题，书写了《救弊十事》。

二胆：敢于斗权贵。当时朝中权臣吕夷简利用手中权力，拉帮结派，徇私舞弊，视范仲淹为眼中钉。他多次派人暗中威胁范仲淹勿言朝政、妄议国事，但范仲淹毫不惧怕，多次表示宁可舍去官位和性命，也不姑息养奸。为治住范仲淹，吕夷简调他管理关系盘根错节、矛盾错综复杂的开封府，想借皇亲国戚和官僚大臣，甚至那些贪官污吏的手，杀杀范仲淹的锐气。没想到范仲淹到任后，从清理弊端入手，敢于查处污吏，克服各种阻力，上奏朝廷惩治，很快开封府"肃然称治"。

三胆：敢于举腐败。为了彻底揭露吕夷简等人任人唯亲、朋比为奸的做法，范仲淹深入调查，掌握了大量证据，上奏给宋仁宗。并将吕夷简结党营私、提升贪官污吏的情况，绘成《百官图》献给皇帝，宋仁宗一眼就看清了贪官污吏们的所作所为。之后，他又先后为皇帝书写了《帝王尚好》《选贤任能》等政文，使朝政存在的腐败问题得到了很好的整顿。

四胆：敢于用清官。1043 年，也就是庆历三年，范仲淹在抵抗西夏入侵中立下大功，调回京师任参知政事，领导进行"庆历新政"。范仲淹掌握一定权力后，进行的第一件事就是整顿吏治。他采取职能业绩评定和群众评议的办法，对重要岗位的官吏进行了任职考核。很快，一些庸碌、无能、腐朽的官吏被罢免，一些主事刻薄、惯于搜刮民财的贪官污吏被整治，特别是那些具有皇亲国戚背景的官吏，范仲淹也是只管政绩不重关系，该撤的撤，该查的查，一时间官风大变。同时，精明能干、正直清廉的官吏，只要是克己奉公者都被提拔到重要位置。为保证官吏正确使用权力，范仲淹还上奏朝廷制定官吏考核办法。

五胆：勇于不留财。范仲淹为政清明，个人生活十分节俭。官位渐高，日渐富贵后，他仍然是"非宾客不重肉。妻子衣食，仅能自充"。他始终坚持教育子孙要"知节俭，莫贪富贵"。晚年时，范仲淹没有把一生的积蓄留给子孙，而是广置义庄、义田和义宅，用来赈济穷苦群众。范仲淹六十一岁时，子孙们劝他在洛阳建造宅院，然后颐养天年，范仲淹听后坚决地说："人苟有道义之乐，形骸可外，况居室乎！"后来，范仲淹还建义学，使贫困子弟有受教就学之所。

以笔作枪的关汉卿

> 闻而审，则为福矣；闻而不审，不若无闻矣。
>
> ——《吕氏春秋》

关汉卿，号已斋叟，大都（今北京）人。他是元代杂剧作家，也是中国古代戏曲创作的代表人物。

关汉卿从小喜爱音乐、戏剧，会吹箫弹琴，还会唱歌跳舞，特别热爱编写剧本。那时候，演戏的人社会地位很低，关汉卿却跟他们混得挺熟。有时候他自己也上场演出，扮个角色。因为他对音乐和戏剧很有研究，所以编出的戏也就格外精彩。

在大都，贵族和普通百姓都喜欢看戏，关汉卿编的戏剧不光是为了给贵族消遣，也是在帮百姓说话。他把看到的、听到的百姓的悲惨遭遇写进他的剧本里。《感天动地窦娥冤》（也叫《窦娥冤》），就是他的杰出的代表作。

《窦娥冤》的主要人物是楚州的一个贫苦女子，名叫窦娥。窦娥从小死了母亲，她的父亲窦天章因为上京赶考缺少盘缠，把她卖给蔡婆家做童养媳。成婚没多久，丈夫就生病去世了，只剩窦娥和她的婆婆两人相依为命。

楚州有个流氓叫张驴儿，他和他的父亲欺负蔡家婆媳无依无靠，他们父子一起赖在蔡家，还逼迫蔡婆和窦娥嫁给他们父子。蔡婆软弱怕事，勉强答应了，可是窦娥坚决拒绝，还把张驴儿痛骂了一顿。

张驴儿怀恨在心。过几天，蔡婆生病，要窦娥做羊肚汤给她喝。张驴儿偷偷地在汤里下了毒药，想先毒死蔡婆，再逼窦娥成亲。窦娥把羊肚汤端给蔡婆喝。蔡婆接过碗，忽然要呕吐，不想喝，便让给张驴儿父亲喝了。张驴儿父亲中了毒，在地上翻滚几下就咽了气。

张驴儿毒死了自己父亲，把杀人的罪名栽赃到窦娥身上，告到楚州衙门。

楚州知府桃杌是个贪赃枉法的贪官，背地里被张驴儿用钱买通了，把窦娥抓到公堂讯问，逼她招认是她下的毒。窦娥受尽百般拷打，痛得死去活来，还是不肯承认。

桃杌知道窦娥待她婆婆很孝顺，就当着窦娥的面要拷打蔡婆。窦娥怕婆婆受不起酷刑，只好含冤招了供。

贪官桃杌把窦娥屈打成招，定了死罪，把她押到刑场处决。眼看没有申冤的地方，窦娥满腔悲愤地咒骂天地："地也，你不分好歹何为地！天也，你错勘贤愚枉做天！"在临刑的时候，她又向天发出三桩誓愿：一要刀过头落，一腔热血全溅在白练上；二要天降大雪，遮盖她的尸体；三要让楚州大旱三年。窦娥的誓愿居然感动了天地。那时候，正是六月大伏天气，窦娥被杀之后，霎时天昏地暗，大雪纷飞。接下来，楚州大旱了三年。

后来，窦娥的父亲窦天章在京城做官，窦娥的冤案得以平反昭雪，杀人凶手张驴儿被处以死刑，贪官桃杌也得到应有的惩罚。

范缜坚持己见作《神灭论》

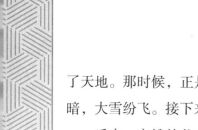

非亲身实验证明者，不可轻信。

——蔡元培

范缜是南朝齐梁时思想家，字子真，南乡舞阴（今河南泌阳西北）人，曾任尚书殿中郎、尚书左丞等职。他是无神论者，曾同佛教有神论者进行了两次公开的论战。

南北朝时期，佛教渐渐盛行起来。南齐的朝廷里，从皇帝到大臣，都提倡佛教。南齐的竟陵王萧子良就是一个笃信佛教的人。

萧子良在建康郊外的鸡笼山有一座别墅，他常常在那里招待名士文人，喝酒谈天。有时候，也请来一些和尚，到他那里讲解佛理。萧子良还亲自给和尚备饭倒茶，很多人都认为他这样做有失宰相的体统，他却并不在乎。

有宰相的提倡，佛教的势力自然更大了。这些和尚宣传人死了以后，灵魂是不会死的。还说一个人的富贵或者贫贱，都是前世的因果报应，穷人受苦受罪，都是命里注定，没法抗拒的。

当时，有一个大胆的读书人名叫范缜，他揭露这一说法是一种迷信，让大家别信那一套。

范缜的堂弟范云经常在萧子良家里走动。萧子良听到范缜竟敢跟他唱对台戏，反对佛教，十分恼火，便叫范云把范缜找到他家来。

萧子良问范缜："你不相信因果报应，那么你倒说说，为什么有的人生下来富贵，有的人生下来就贫贱呢？"

范缜不慌不忙地说："这没有什么奇怪。打个比方，人生好比树上的花瓣。经风一吹，花瓣随风飘落。有的掠过窗帘，落在座席上面；有的吹到篱笆外，落在茅坑里。"

萧子良瞪着眼睛，一下子还听不懂范缜说的是什么意思。范缜接着说："落在座席上的，就像您；落在茅坑里的，就像我。富贵、贫贱，就是这么一回事，哪里有什么因果报应呢？"

范缜从萧子良那里回来，觉得虽然驳斥了萧子良，但是还没有把自己反对迷信的道理说透彻，就专门写了一篇文章，叫作《神灭论》。文章里面说："形体是精神的本质，精神只是形体的作用。精神和形体的关系，好比一把刀和锋利的关系。没有刀，就不能起锋利的作用。没有形体，哪里有什么精神呢？"

范缜在那篇文章里，还断定人死以后灵魂是不存在的，什么因果报应，都是骗人的话。

这篇文章一出来，朝廷上上下下都闹翻了天。萧子良的一些亲信、朋友，都认为定要把范缜狠狠地整一下不可。萧子良就找了一批高僧来跟范缜辩论，但是范缜讲的是真理，那些高僧到底还是辩不过范缜。

有个佛教信徒王琰讽刺范缜说："唉，范先生啊！您不信神灵，那您就连祖先的神灵在哪里也不知道了。"

范缜针锋相对地嘲笑王琰说："可惜呀，王先生。您既然知道您祖先的神灵在哪里，为什么不早点去找他们呢。"

萧子良怕范缜的影响太大，会动摇大家对佛教的信仰。隔了几天，他派了亲信王融去劝说范缜。王融对范缜说："宰相是十分赏识有才能的人的。像您这样有才干的人，要做个中书郎，还不容易！何苦一定要去发表这样违背潮流的观点呢？我真替您可惜。我看您还是把那篇文章收回吧。"

范缜听了，仰起头哈哈大笑，说："我范缜如果放弃自己的观点去求官，那么要做更大的官也不难，又怎会在乎您说的中书郎呢。"

萧子良拿范缜没有办法，只好由他去了。

祖冲之改革历法

> 是非久自见，不可掩也。
>
> ——《晋书》

祖冲之，我国杰出的科学家。南北朝时期人，字文远。祖籍范阳遒县（今河北涞水）。

祖冲之的祖父名叫祖昌，在刘宋朝做一个管理土木工程的长官。祖冲之成长在这样的家庭里，从小就读了不少书，人家都称赞他是个博学的青年。他特别爱好研究数学，还喜欢研究天文历法，经常观测太阳和星球运行的情况，并且做了详细记录。宋孝武帝听到他的名气，派他到一个专门研究学术的官署"华林学省"工作。他对做官并没有兴趣，但是在那里，他可以更加专心研究数学、天文了。

我国历代都有研究天文的官员，根据研究天文的结果来制定历法。到了刘宋朝的时候，历法已经有很大进步，但是祖冲之认为还不够精确。他根据自己长期观察的结果，创制出一部新的历法，叫作《大明历》（大明是宋孝武帝的年号）。这种历法测定的每一回归年的天数，跟现代科学测定的只相差五十秒；测定月亮运行一周的天数，跟现代科学测定的相差不到一秒，可见它的精确程度了。

462 年，祖冲之请求宋孝武帝颁布新历，宋孝武帝召集大臣商议。那时候，宋孝武帝的宠臣戴法兴出来反对，认为祖冲之擅自改变古历，是离经叛道的行为。

祖冲之当场用他研究的数据反驳了戴法兴。戴法兴依仗皇帝宠幸他，蛮横地说："历法是古人制定的，后代的人不应该改动。"

祖冲之一点也不害怕，严肃地说："你如果有事实根据，就只管拿出来辩论，不要拿空话吓唬人。"

宋孝武帝想帮助戴法兴，于是找了一些懂得历法的人跟祖冲之辩论，却一个个被祖冲之驳倒了。尽管如此，宋孝武帝还是不肯颁布新历。直到祖冲之去世十年之后，他创制的《大明历》才得到推行。

尽管当时社会动荡不安，但是祖冲之还是孜孜不倦地研究科学。他更大的成就是在数学方面。他曾经对古代数学著作《九章算术》作了注释，又编写一本《缀术》。他最杰出的贡献是求得相当精确的圆周率。经过长期的艰苦研究，他计算出圆周率在3.1415926 和 3.1415927 之间，成为世界上最早把圆周率数值推算到七位数字以上的科学家。

祖冲之在科学发明上是个多面手，他造过一种指南车，随便车子怎样转弯，车上的铜人总是指着南方；还造过一天可以航行百余里的"千里船"；并利用水力转动石磨来加工粮食，造出了"水碓磨"。

祖冲之死后，他的儿子祖暅、孙子祖皓都继承了他的事业，刻苦研究数学和历法。

开放思想的徐光启

> 路漫漫其修远兮，吾将上下而求索。
>
> ——《离骚》

徐光启（1562—1633），字子先，号玄扈，上海人。他是明朝科学家、农学家。

徐光启出生之前，上海沿海一带遭倭寇骚扰十分严重。徐光启小时候，常常听他的父亲谈起当地人民英勇反抗倭寇侵略的情景，心里不由得涌起了爱国之情。

徐光启长大以后，路过南京，听说那儿来了个欧洲传教士——

利玛窦，经常讲些西方的科学知识。南京的一些读书人都喜欢跟利玛窦结交。徐光启经过别人介绍，认识了利玛窦。他听利玛窦讲的科学道理，都是自己过去在古书上没有读到过的。从那时候起，他对西方科学产生了浓厚的兴趣。

利玛窦传播科学知识，主要是为了方便传教。他觉得要扩大传教的范围，一定要得到中国皇帝的支持。那时候，明朝是不让传教士到北京传教的。利玛窦希望地方官员可以在明神宗面前帮他说话，他还到北京，通过宦官马堂的门路，送给明神宗自鸣钟和《坤舆万国全图》等。明神宗对自鸣钟很感兴趣，命令马堂把利玛窦带进宫来。明神宗接见利玛窦的时候，请利玛窦谈谈西洋的风俗人情。利玛窦本来是意大利人，为了夸耀自己，把自己说成是"大西洋国"的人。有人一查万国地图，找不到什么"大西洋国"，就怀疑利玛窦来历不明，要明神宗把他撵走。但是明神宗不听，反倒赏给利玛窦一些财物，让他留在京城传教。有了皇帝的支持，利玛窦跟朝廷官员们接触就很方便了。过了几年，徐光启考取了进士，也到了北京，在翰林院做官。他认为学习西方的科学，对国家富强有好处，就决心拜利玛窦为师，向他学习天文、数学、测量、武器制造等各方面的科学知识。

有一次，徐光启到利玛窦那儿去学习。利玛窦跟他谈起，西方有一本数学著作叫《几何原本》，是古希腊数学家欧几里得写的一本重要著作，可惜要翻译成汉文很困难。徐光启说："既然有这样的好书，您又愿意指教，不管有多困难，我也要把它翻译出来。"

打那以后，徐光启每天下午一离开翰林院，就赶到利玛窦那儿，跟利玛窦合作翻译《几何原本》，由利玛窦讲述，徐光启笔译。那时候，还没有人翻译过国外数学著作，要把原作译得准确，可不是件简单事。徐光启花了一年多时间，逐字逐句地反复推敲，再三修改，终于把前六卷《几何原本》翻译完成。除了《几何原本》之外，徐光启还跟利玛窦和另一个西方传教士熊三拔合作，翻译过测量、水利方面的科学著作。后来，他又在研究我国古代历法的基础上，吸收了当时欧洲在天文方面的最新科学知识，对天文历法的研究，达到了很高的水平。

徐光启不但爱好科学，还十分关心民间疾苦。有一年，他父亲去世，徐光启回到上海守丧。那年夏天，江南发生水灾，大水把农作物都淹了。水退之后，农田颗粒无收。徐光启为这个事心里挺着急。他想，如果不补种点别的庄稼，来年春天拿什么度荒呀！恰巧在这时候，有个朋友从福建带来了甘薯。徐光启就在荒地上试种起甘薯来，过了不久，长得一片葱绿，十分茂盛。后来，他特地编了一本小册子，推广种甘薯的方法。本来只在福建种植的甘薯就移植到江浙一带来了。

明神宗的时候，杨镐统率的四路大军在萨尔浒几乎全军覆没，满朝文武大臣都十分震惊。大家齐集在宫门外，想让明神宗增加兵力，调拨军饷，抵抗后金。翰林院官员徐光启，一连上了三道奏章，认为要挽救国家危局，只有精选人才，训练新兵，还自愿担任练兵的工作。明神宗听说徐光启熟悉军事，就批准他到通州练兵。得到明神宗的批准后，徐光启满怀希望，想尽快练好新兵，加强国防。哪料朝廷各个部门腐败透了，练兵衙门成立了一个月，徐光启要人没人，要饷没饷，闲得没事干。后来，终于领到一点军饷。他来到通州，检阅那儿招的七千多新兵。他发现新兵大多是老弱残兵，能够勉强充数的只有两千人，更说不上精选了。他大失所望，只好请求辞职。

1620 年，明神宗驾崩，他的儿子明光宗朱常洛也接着病死，神宗的孙子朱由校即位，这就是明熹宗。徐光启又回到京城。他看到后金的威胁越来越严重，竭力主张多造西洋大炮。为了这件事，徐光启跟兵部尚书发生矛盾，被排挤出朝廷。

徐光启回到上海后，又在自己的田地里亲自参加劳动，做一些试验。后来，他把他平日的研究成果写成了一部著作，叫作《农政全书》。这本书对我国的农具、土壤、水利、施肥、选种、嫁接等农业知识进行了详细的记载，真可以称得上是我国古代的一部农业百科全书呢！

第三章

开放思想　不迷信权威

以大局为重　不较私利

第四章

举贤重能的鲍叔牙

天下惟不明白人多疑人，明白人不疑人也。

——胡林翼

管仲（？—公元前645），名夷吾，字仲，亦称"敬仲"，颍上（今安徽西北部）人，是春秋初期齐国著名的政治家、思想家。他辅佐齐桓公，对内政外交进行全面的改革，制定了一系列富国强兵的方针政策。他主张合理征收赋税，减轻农民负担，以达到"民富""民安"；改进国家管理体制，发展民间武装力量，并统一军政的领导；运用国家力量发展盐铁事业，增加财政收入；助齐桓公以"尊王攘夷"相号召，成为春秋时期第一个霸主。

管仲能有所作为，除了与他自身的才干有关外，还与鲍叔牙能够知人并无私地举贤荐能有关。管仲与鲍叔牙年轻时就是诤友。两人共同经商，分配盈利时，管仲总是多拿一些财物。别人替鲍叔牙感到不平，鲍叔牙说："这不是因为管仲贪财，而是因为他家里贫穷。"管仲曾经带兵打仗，进攻时他躲在后面，撤退时他却跑在最前面。别人议论，鲍叔牙说："这不是因为他怕死，而是因为他家里有老母。"鲍叔牙这种宽以待人的精神，深深地感动了管仲，他说："生我者父母，知我者鲍子也。"

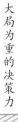

后来齐襄公的弟弟公子纠发现管仲是个人才，便要他当了自己的谋士，而鲍叔牙呢，偏偏被齐襄公的另一个弟弟公子小白看中。两个好朋友各自辅佐一个公子。可是好景不长，昏庸的齐襄公总是疑心他两个同父异母的弟弟要篡夺他的王位。就让手下的人找机会干掉公子纠和公子小白。两个公子听到了风声，公子纠带着管仲跑到鲁国去了，公子小白也带着鲍叔牙跑到了莒国避难。

公元前 686 年的冬天，暴虐的齐襄公被手下的将士杀死，齐国当时是一片混乱。流亡在莒国的公子小白和寄居在鲁国的公子纠得到消息后，都觉得自己继承王位的机会来了，急忙打点行装，要回国争夺王位。

管仲及时提醒公子纠："公子小白所在的莒国离齐国很近，如果他先我们一步回到齐国，您就没机会登上王位了，还是我先带一队人马去拦截公子小白，让鲁国派大将曹沫带另一队人马护送您回国。"公子纠笑答："好主意！"

当管仲带人马赶到莒国和齐国的交界处时，正碰上鲍叔牙带领一队莒国人马护送公子小白飞驰而来。管仲上前拦住去路，公子小白说："我回国办丧事啊！"管仲说："您的哥哥公子纠已经回到齐国操办此事了，我看您还是返回莒国好好待着吧！"

鲍叔牙虽然和管仲平日有手足之情，但现在是各为其主。他瞪着眼睛呵斥管仲："我们公子回国有自己的事情，如果公子纠真的回到了齐国，那你干吗带人来拦截我们呢？"管仲的谎言被揭穿，脸色通红，一时无言以对。

鲍叔牙不敢耽搁，命令部队火速前进。管仲见状急得要命，于是心一横，搭弓取箭，朝着车上的公子小白用力射去，小白大叫一声，栽倒在车上。管仲见大功告成，便带着人马飞逃而去。没想到管仲这一箭恰好射在公子小白的衣带钩上，一点没伤到人，但他知道管仲的箭法厉害，要是再补上一箭他就没命了，于是倒在车里装死。见管仲跑了，他才长长地出了一口气，鲍叔牙见公子小白平安无事，大喜，立刻命部队抄小路向齐都全力疾驰。

管仲自以为射死了公子小白，就不慌不忙地护送公子纠向齐国进发。结果，到齐、鲁边界的时候，一个齐国的使者拦住了他们的车马，并说："我奉齐国新君王公子小白之命，前来通知鲁国，请你们不必送公子纠回国了。"

公子小白在鲍叔牙的帮助下登上齐国君王的宝座后，称为齐桓公。鲍叔牙帮公子小白登上王位，又帮他杀了公子纠，齐桓公感念他的忠心和功劳，要任命他做国相，没想到鲍叔牙死活不肯接受，他说："以前我帮您做了些事情，那全是我凭借对您的忠心，竭尽全力才做到的。现在您要把国相这么重要的职务交给我，这绝不是仅仅凭我的忠心就可以做好的，您该找个比我更有才能的人才行啊！"齐桓公说："在我手下的大臣中，还没发现比你更出众的人才呢！"鲍叔牙说："我举荐一个人，保证能帮您成就霸业！"齐桓公急忙问他："这个人是谁呢？"鲍叔牙笑着说："此人就是我的老朋友——管仲，我把他从鲁国要回来，就是要他帮您的！"

齐桓公听后非常愤怒，他拍案而起，说："这小子拿箭射过我，这一箭之仇我还没报呢，你反而让我重用他？我不把他杀了就不错了！"鲍叔牙恳切地说："管仲不顾一切地为公子纠卖命，用箭来射杀您，这不正好说明他是一个非常讲忠义的人吗？各为其主是做人的基本准则，他当时那样做没什么不对。现在要治国，若论才华，他远远超过我鲍叔牙啊！您要成就霸业，非得到管仲的辅佐不可。您现在不计前嫌地重用他，他唯一的出路就是死心塌地为您卖命啊！"

齐桓公是个很有肚量的人，为了齐国的利益，还是听了鲍叔牙的劝说，拜管仲为国相。

大公无私的祁奚

> 欲知自下升高处，真伪先须辨古今。
>
> ——陆九渊

　　祁奚，字黄羊，晋国大夫，因其食邑在祁，所以史称"祁奚"。他有着丰富的治世谋略以及以国为重、不挟私见和私怨的良臣品德。祁奚以"外举不避仇，内举不避亲"，为国举荐贤臣良仕而饮誉天下，名垂青史。

　　祁奚所处的时代，是周天子无力统驭天下，大权旁落的时代；是大国争霸，强者为伯，挟天子以令诸侯的时代；也是晋文公称霸中原后，其子孙后代政治上无所建树，朝政日趋腐败，晋国危机日重的时代。恰在这时，荒淫奢侈的晋厉公死于非命，晋悼公即位。悼公立志要复兴文公霸业，重振晋国国威。他重整吏治，调整百官，任贤用能。久以贤良著称的祁奚，遂被推任为中军尉，以羊舌职为其辅佐。三年之后，年逾半百的祁奚，觉得自己年老力衰，精力不济，恐有负国家希冀，阻塞贤才仕途，便以年迈告老，请求悼公另选良臣任中军尉。

　　悼公见他辞恳言切，便准他告老并请他推荐继任者。于是，祁奚举荐了解狐。当时的人们都知道解狐与祁奚有私仇，悼公遂问：

"解狐不是与你有仇吗?"祁奚答道:"您是问我谁可以胜任此职,又没有问我他与我有仇否!"然而,解狐尚未到职,便一命呜呼。悼公请祁奚再行举荐。祁奚这次说:"祁午可以继任此职。"悼公问:"祁午不是你的儿子吗?"祁奚坦然回答:"您让我推荐的是适合此职之人,又没有问他是否是我的儿子!"没过多长时间,任中军尉辅佐之职的羊舌职死了。悼公又请祁奚举荐合适人选。祁奚举荐了羊舌职的儿子羊舌赤。悼公对祁奚所荐之人,统统予以录用,于是,两个儿子,分别接替了他们父亲的职位,祁午为中军尉,羊舌赤为中军尉佐。

事后有人对悼公说:"择臣莫若君,择子莫若父。祁午自幼好学而不戏,守业而不淫;成年后,和安而好敬。每临大事,镇定自若,非义不举。他父亲举荐他是对的。"鲁国的孔子得知此事后,赞扬说:"祁奚是个善于举荐贤良的能臣啊。他推举仇人,不是为取媚于天下;举荐儿子,不是因为偏爱己私;举荐辅佐,也不是结党营私,完全是为国荐贤,唯才是举。"公元前558年,悼公去世,平公即位后,即擢祁奚为公族大夫。

平公六年(公元前552),范宣子为正卿主持国政,驱逐公族栾盈,杀羊舌虎,囚禁其兄羊舌肸(叔向)。乐王鲋去监狱探望,见到羊舌肸,告诉他说:"我要为你向平公说情,请他释放你。"羊舌肸拒绝说:"这事必须请祁奚大夫!"羊舌氏的家臣问羊舌肸:"乐王鲋是平公的随臣,他愿为你向平公求情,肯定能够成功。为什么还一定要请祁奚?"羊舌肸说:"乐王鲋从不敢违抗主公的意愿,他的意见平公不会采纳的。祁大夫外举不弃仇,内举不失亲,他不会独独弃我而不顾。"果然,已经告老还乡的祁奚听说羊舌肸因弟罪被囚,立刻由祁直奔晋都拜见范宣子,并说:"《诗经》说:'赐给我们的恩惠没有边际,子子孙孙将永远保有它。'《尚书》

说：'智慧的人有谋略、功劳，应当相信和保护他。'羊舌肸长于谋划而少有过错，教诲别人而不知疲倦，他是国家的柱石。即便是他的十代子孙有过错，也还要赦免，以此来勉励有能力的人为国家效命。若他现在因弟罪而得祸，难道不会使人困惑吗？鲧被流放而死，他的儿子禹却兴起；伊尹放逐太甲，后来又做了太甲的宰相，太甲始终没有怨恨他；管叔、蔡叔因叛乱而被杀，其兄周公却能辅佐成王，匡复天下。你为什么因为羊舌虎的缘故抛弃国家的柱石呢？你与人为善，谁还会不竭力为国？多杀人又何必呢？"范宣子听罢祁奚之言，面露喜色，与祁奚乘车去见平公，然后释放了被株连的羊舌肸。出于公心的祁奚虽然拯救了羊舌肸，却并不与之相见，直奔家乡。羊舌肸获释后也没有去感谢祁奚，而是直接去朝见平公。这就是不隐亲仇而为国荐贤、不图恩报而为国保贤的晋国骨鲠之臣祁奚的故事。

用祁奚的所作所为，鞭策教诲每一个身负国事的后人，至今看来仍有非常积极的正面作用。我们要以史为镜，以正为本，不图虚名，不事浮华，有功不居，有过必改，成为一个德行兼具的人。

以国为重的蔺相如

蔺相如，战国时赵国大臣，官至上卿，是战国时期的政治家。

在战国末期，秦昭襄王一心要使赵国屈服，接连侵入赵国边境，占领了一些城池。公元前 279 年，他又耍了个花招，请赵惠文王到秦地渑池（今河南渑池西）相会。赵惠文王怕被秦国扣留，不敢去。廉颇和蔺相如都认为如果不去，反倒是向秦国示弱。

赵惠文王决定硬着头皮去冒一趟险，叫蔺相如和他一块儿去，让廉颇留在赵国辅助太子。

到了预定会见的日期，秦王和赵王在渑池相会，并且举行了宴会，高兴地喝酒谈天。

秦昭襄王喝了几盅酒，带着醉意对赵惠文王说：“听说赵王弹得一手好瑟。请赵王弹个曲儿，给大伙儿听听。”说罢，便吩咐左右把瑟拿上来。

赵惠文王不好推辞，只好勉强弹奏一曲。

秦国的史官当场就把这事记了下来，并且念着说：“某年某月某日，秦王和赵王在渑池相会，秦王令赵王弹瑟。"

赵惠文王气得脸都发紫了。正在这时候，蔺相如拿了一个缶（一种瓦器，可以打击配乐），突然跪到秦昭襄王跟前，说："赵王听说秦王擅长秦地的音乐。我这里有个缶，也请大王赏脸敲几下助兴吧。"

秦昭襄王勃然变色，不去理他。

蔺相如的眼睛射出愤怒的光，说："大王未免太欺负人了。秦国的兵力虽然强大，可是在这五步之内，我可以把我的血溅到大王身上去！"

秦昭襄王见蔺相如这股势头，十分吃惊，只好拿起击棒在缶上胡乱敲了一下。

蔺相如回过头来叫赵国的史官也把这件事记下来，说："某年某月某日，赵王和秦王在渑池相会。秦王为赵王击缶。"

秦国的大臣见蔺相如竟敢这样伤秦王的脸面，很不服气。

有人站起来说："请赵王割让十五座城给秦王祝寿。"

蔺相如也站起来说："请秦王把咸阳城割让给赵国，为赵王祝寿。"

秦昭襄王事先已探知赵国的大军驻扎在不远的地方，心想：如果真的动起武来，恐怕也得不到便宜。于是，秦昭襄王喝住秦国大臣，说："今天是两国君王相会的日子，诸位不必多说。"

这样，两国渑池之会总算圆满而终。

蔺相如保全赵国不受屈辱，立了大功。赵惠文王十分信任蔺相如，拜他为上卿，地位在大将廉颇之上。

廉颇很不服气，私下对自己的门客说："我是赵国大将，立了多少汗马功劳。蔺相如有什么了不起？倒爬到我头上来了。哼！我见到蔺相如，定要给他点颜色看看。"

这句话传到蔺相如耳朵里，蔺相如就装病不去上朝。

有一天，蔺相如带着门客坐车出门，真是冤家路窄，老远就瞧见廉颇的车马迎面而来。他叫赶车的人退到小巷里去躲一躲，让廉颇的车马先过去。

这件事可把蔺相如手下的门客气坏了，他们责怪蔺相如不该这样胆小怕事。

蔺相如对他们说："你们看廉将军跟秦王比，哪一个势力大？"

他们说："当然是秦王势力大。"

蔺相如说："对呀！天下的诸侯都怕秦王。为了保卫赵国，我敢当面责备他。怎么我见了廉将军反倒要躲呢？因为我想过，强大的秦国不敢来侵犯赵国，就因为有我和廉将军两人在。要是我们两人不和，秦国知道了，就会趁机来侵犯赵国。就为了这个，我宁愿忍让点儿。"

这件事传到廉颇耳朵里，廉颇感到十分惭愧。他就裸着上身，背着荆条，跑到蔺相如的家里去请罪。他见了蔺相如，说："我是个粗人，见识少，气量小。哪儿知道您竟这么忍让我，我实在没脸来见您。请您责打我吧。"

蔺相如连忙扶起廉颇，说："咱们两个人都是赵国的大臣。将军能体谅我，我已经万分感激了，怎么还来给我赔礼呢。"从这以后，两人就做了知心朋友。在他们的辅佐下，赵国也越来越强大了。

触龙说赵太后

超越自我
——以大局为重的决策力

触龙，战国时赵国大臣，官左师。

公元前266年，赵惠文王去世，他的儿子赵孝成王继承王位，因为年纪小，所以由太后执政。当时的赵国，虽然有廉颇、蔺相如、平原君等人辅佐，但国势已大不如前。而秦国看到赵国正处在新旧交替之际，国内动荡不安，赵孝成王又年少无知，认为有机可乘，于是派遣兵将"急攻之"，一举攻占了赵国的三座城池，赵国危在旦夕，太后不得不请求与赵国关系密切的齐国增援。齐王虽然答应出兵，但提出赵国必须派太后的幼子长安君到齐国去做人质。

长安君是赵太后最疼爱的小儿子，做人质要寄人篱下，在那个动荡战乱的年代，人质的性命常常很难保证。所以对于齐国的要求，赵太后断然拒绝。

赵国的大臣们都十分着急，纷纷劝说太后答应齐国的条件，太后非常生气，说："谁再来劝我让长安君去做齐国的人质，我就唾他一脸。"大家都不敢再开口了。

秦国的进攻日益加紧，赵国危在旦夕。老臣触龙看在眼里，十分忧虑，决定冒险再劝一次太后。太后听说后，怒气冲冲地在大殿等他。

触龙故意小步缓慢地走上殿堂，先谢罪说："老臣的脚有毛病，不能快走，非常失礼。很久没有来拜见太后您了，担心您的身体，今天特来问候！"

看到触龙老态龙钟的样子，太后不忍，跟着感慨道："我现在进出也要靠车子才行了。"

"那吃饭还好吗？"触龙很关切地问。

"只能喝些稀粥，成天这么多烦心事，哪里有胃口啊！"

"我的胃口也不好，但我还坚持散散步，每天走三四里路，增加点食欲。"

"唉，我可做不到。"太后叹了口气，脸色好多了，先前的怒气基本看不到了。

这时触龙用恳求的语调说："太后，老臣最小的儿子叫舒祺，他不成材，但老臣很喜欢他。老臣想请求您让他当一名侍卫，也算为国家出些力。"

"好啊，他几岁啦？"

"十五岁，虽然还小，但我想趁我活着的时候先安排好。"

"哈哈，原来男人也疼爱自己的小儿子。"太后笑了。

"当然，我喜欢这个小儿子比他母亲还多呢。没办法，天下父母心嘛。"

太后很开心，谈话的气氛越发缓和了。

这时，触龙趁机说："老臣认为太后疼爱女儿燕后比长安君要多。"

"这怎么可能？"太后睁大了眼睛。

触龙很感慨地说："父母疼爱儿女，总是替他们做长远的打算。

当年你送燕后远嫁，她也哭个不停，不愿意远离家乡；出嫁后，您非常想念她，但每次祭祀时总是祈祷她不要回国，好好当她的王后。这不是替她做长远的打算，让她的子孙世代继承王位吗？"

"是啊！"太后点头说。

触龙进一步说："您想过没有，三代以前，甚至赵国的开国重臣，现在他们的子孙还有被封侯的吗？"

"没有了。"太后想了一下说。

"难道是他们的子孙后代都不好吗？关键是因为他们没有功劳。没有功劳却享受很高的俸禄，有很高的地位，时间长了就难以服众。现在您宠爱长安君，可以提高他的地位，赐予他土地与财宝，可您不让他为国立功，您百年之后，长安君凭什么服众呢？所以我认为您没有替长安君做长远的打算，说您对他的爱不如对燕后的爱。"

这一席话让赵太后醒悟了，她改变了想法，同意让长安君到齐国做人质，让他为解决赵国的危机出力。齐国很快出兵，击退了秦军。

孟母教子有方

　　孟子的父亲是一位怀才不遇的读书人，为了光耀门楣，离开娇妻稚子，远赴宋国游学求仕。可三年后，带给孟母的却是晴天霹雳般的噩耗——孟父不幸去世，从此孤立无援的孟母开始了坎坷的人生旅途。她下定决心，要凭着自己的双手谋取衣食所需，更要以自己的力量，把儿子教养成为一个有用的人。

　　孟母不只是注意儿子的起居冷暖，更不厌其烦地以"言教"和"身教"来完善儿子的人格。

　　孟家原在马鞍山下的凫村，山麓坟茔处处。村中儿童追逐嬉戏，不时看到丧葬的情形，便三五成群地模仿大人们的礼仪，表演丧葬。孟母发现，一向伶俐听话的儿子，已受到了不良环境的影响，孟母看在眼里，痛在心里，可也不能总是把一个活泼好动的孩子关在家里，唯一的办法就是改变居住环境。

　　经过一番周折，孟家母子迁到了一个集市附近。每逢单日，附近的百姓就手拎肩挑一些土产来到集市交易，讨价还价，喧嚣热闹。这场面对孩子来说颇有吸引力，耳濡目染，孟子和其他一些孩

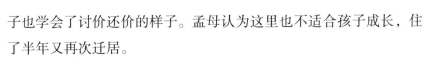

子也学会了讨价还价的样子。孟母认为这里也不适合孩子成长，住了半年又再次迁居。

孟母既不愿儿子成为一个默默无闻的人，也不希望儿子沾染唯利是图的市侩气，她便把家搬到了学宫附近。虽然房子潄隘不堪，但是孟母带着儿子还是安安心心地住下来。

学宫附近常常有读书人来往，高雅的气韵、从容的风范、优雅的举止与循规蹈矩的礼仪行为，潜移默化地影响了附近居民，尤其是初解人事的孩子们。他们常聚集在大树底下，演练学宫中揖让进退的礼仪，有模有样，一幅庄严肃穆的景象，使得远远察看的孟母内心深处大为高兴。"这才是孩子们最佳的居住环境！"她由衷地发出感叹。

孟子少年时，东邻有人杀猪，孟子不解地问母亲："邻家杀猪干什么？"孟母当时正忙，便随口回答："给你吃！"孟子十分高兴地等待食肉，孟母为了不失信于儿子，忍痛从捉襟见肘的生活费中，拨出一部分钱买了一块肉，让儿子吃了个痛快。

孟子虽然有灵性与慧根，但也有一般孩子共有的怠惰贪玩的习惯。有一天，孟子竟然逃学到外面玩了半天。当儿子回家时，孟母不声不响地拿起一把剪刀，将织成的一段锦绢拦腰剪成两段。就在孟子惊愕不解时，孟母说道："你的废学，就像我剪断织绢！一个君子学以成名，问则广知，所以居则安宁，动则远害。你今天不读书，就不可以离于祸患，今后永远就只做一些蝇营狗苟的小事。中道废而不为，怎么能衣其夫子，而不乏粮食呢？"孟母用"断织"来警喻"辍学"，指出做事半途而废，后果是十分严重的。"断织劝学"的一幕在孟子幼小的心灵中，留下了既惊且惧的深刻印象。从此，孟子孜孜汲汲，日夜勤学不息。

春秋战国时代，学术蓬勃发展，诸子百家争奇斗胜，使人眼花

64

缭乱，不知如何选择才好，然而孟母有她坚定的主张。她无视于老庄的玄虚，不屑于杨朱的功利，唯独醉心于孔子的忠恕之道，亲自寻觅，终于在孔门诸子中为孟子找到启蒙老师。

孟子埋头苦读了五年，学业突飞猛进，终于继承了孔子的衣钵。

孟母对儿子的教育无微不至。即使在孟子成亲之后，孟母也在悉心教导孟子。《列女传》记载：孟妻由氏在卧室内衣衫不整，孟子见后不悦，由氏见状，请求婆婆让她离去。孟母对儿子晓以大义："夫礼，将入门，问孰存，所以致敬也。将上堂，声必扬，所以戒人也。将入户，视必下，恐见人过也。今子不察于礼，而责礼于人，不亦远乎！"孟子深感自己孟浪，于是心中芥蒂尽除，与妻子和乐如初。

孟母一生操劳，但身体十分硬朗，对于孟子的照顾和教育也毫不放松。除了周游列国那一段时日以外，孟子绝大部分的时间都是在奉养老母，担任齐国的教授职务，不忍远离故国谋求更大的发展。

在齐国，孟子多次向当政者阐述自己的政治主张，齐宣王虽然以年禄十万钟来酬谢孟子，但却不肯积极地推行他的政治主张。对此，孟子说："君子称身而就位，不为苟得而受赏。"孟子不贪荣禄，而是希望实现自己的政治抱负。

孟子理想的去处是宋国，但为了奉养老母而一再迁延。光阴荏苒，孟母已经年逾古稀，而孟子也已是知天命之年，整日长吁短叹，闷闷不乐。孟母问明原因，又对儿子说出了一段千古名言：

> "夫妇人之礼，精五味，擅酒浆，养舅姑，缝衣裳而已矣，故有闺内之修，而无境外之志。易曰：'在中馈，

无攸遂。'诗曰:'无非无仪,惟酒食是议。'以言妇人,无擅制之义,而有三从之道也,故年少则从乎父母,出嫁则从乎夫,夫死则从乎子,礼也。今子成人也,而我老矣!子行乎子义,吾行乎吾礼。"

孟母三言两语就把孟子心中的积虑一扫而空,于是孟子再次周游列国,受到了空前的尊敬与欢迎。可惜就在儿子扬眉吐气的时候,孟母却一瞑不视。在归葬故乡时,乡邻争相在路旁祭奠,极尽哀思。如今在山东省曲阜市的马鞍山麓,还留有古柏森森的孟母墓,历代都有石刻颂扬她的坚贞志节与慈母风范,并建有孟母祠。

作为一位女性,孟母的伟大之处岂止"精五味,擅酒浆,养舅姑,缝衣裳"以及"三从之道",更重要的是她能在儿子的成长过程中,按阶段给予不同程度的教育。她是一根蜡烛,燃烧了自己,照亮了儿子的前程。孟子能成为"亚圣",成为中国封建社会正统思想体系中地位仅次于孔子的人,多得益于他的母亲。孟子的母亲是位伟大的女性,她克勤克俭,含辛茹苦,坚守志节,抚育儿子,数十年如一日,丝丝入扣,毫不放松,既成就了孟子,也为后世的母亲留下一套完整的教子方案。她本人也成为名垂千古的模范母亲。

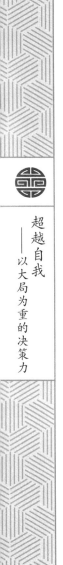

诸葛亮七擒孟获

> 人固未易知，知人亦未易也。
>
> ——《史记》

诸葛亮（181—234），字孔明，琅邪阳都（今山东沂南南）人，蜀汉丞相，三国时期杰出的政治家、发明家、军事家。在世时被封为武乡侯，谥曰忠武侯。

三国时期，蜀汉先主刘备在永安宫病势越来越重。他把诸葛亮从成都召到永安宫，嘱咐后事。他对诸葛亮说："您的才能比曹丕高出十倍，一定能够把国家治理好。我的儿子阿斗（太子刘禅的小名），如果您认为可以辅助，就辅助他；如果不行，您就自己来做一国之主吧。"诸葛亮流着眼泪，哽咽着说："我怎敢不尽心竭力报答陛下，一直到死！"刘备把刘永、刘理叫到身边，叮嘱他们："我死后，你们兄弟要像对待父亲一样尊敬丞相。"

刘备死后，诸葛亮回到成都，扶助刘禅登上帝位，史称蜀汉后主。刘禅即位后，朝廷上的事不论大小，都由诸葛亮来决定。诸葛亮兢兢业业，治理国家，使蜀汉兴盛起来。

益州耆帅雍闿，听说刘备死去，就发动叛变。他一面投靠东吴，一面又拉拢了少数民族首领孟获，叫他去联络西南一些部族，联合起来反抗蜀汉。经过雍闿的煽动，高定、朱褒等人也都响应起来。诸葛亮十分着急，于是入朝奏后主，决定发兵南征。

225 年，诸葛亮率领大军出发。诸葛亮好友马良的弟弟、参军马谡送诸葛亮出城，一直送了几十里地。临别的时候，诸葛亮握住马谡的手，诚恳地说："今天临别，你有什么好主意告诉我吗？"马谡说："南中的人依仗地形险要，离都城又远，早就不服管了。即使我们用大军把他们征服了，以后还是要闹事的。我听说用兵的办法，主要在于攻心，攻城是次要的。丞相这次南征，一定要叫南人心服，才能够一劳永逸呢。"马谡的话，正合诸葛亮的心意。诸葛亮不禁连连点头说："谢谢你的帮助，我一定这样办。"诸葛亮率领蜀军向南进军，节节胜利。大军还在半路上，高定和雍闿已经发生火并，高定的部下杀了雍闿。蜀军打进越嶲，又把高定杀了。诸葛亮派李恢、马忠两员大将分两路进攻。不到半个月，四个郡的叛乱就被平定了。但是事情还没有结束。孟获收集了雍闿的散兵，继续反抗。诸葛亮一打听，知道孟获不但打仗骁勇，而且在南中地区各族群众中很有威望。诸葛亮决心把孟获争取过来。他下了一道命令，只许活捉孟获，不能伤害他。

好在诸葛亮善于用计谋，蜀军和孟获军队交锋的时候，蜀军故意败退下来。孟获仗着他人多，一股劲儿追了过去，很快就中了蜀兵的埋伏。南兵被打得四处逃散，孟获被活捉了。孟获被押到蜀军大营，心想，这回一定没有活路了。没想到进了大营，诸葛亮立刻叫人给他松了绑，好言好语劝说他归降。但是孟获不服气，说："我是不小心中了你的计，怎么能叫人心服？"诸葛亮也不勉强他，陪着他一起骑着马在大营外兜了一圈，看看蜀军的营垒和阵容。然后又问孟获："您看我们的人马怎么样？"孟获傲慢地说："以前我没弄清楚你们的虚实，所以败了。今天承蒙您给我看了你们的阵势，我看也不过如此。像这样的阵势，要打赢你们也不难。"诸葛亮爽朗地笑了，说："既然这样，您就回去好好准备一下再打吧！"

孟获被释放以后，回到自己的部落，重整旗鼓，又一次进攻蜀军。但是他是一个有勇无谋的人，哪里是诸葛亮的对手，第二次又被活捉了。诸葛亮劝他，可孟获还是不服，于是又放了他。像这样捉了又放，一次又一次，一直把孟获捉了七次。到了孟获第七次被捉的时候，诸葛亮还要再放，孟获却不愿意走了。他流着眼泪说："丞相七擒七纵，待我可说是仁至义尽了。我打心底里敬服。从今以后，不敢再反了。"

孟获回去以后，还说服各部落投降，南中地区就重新归蜀汉控制。

诸葛亮平定南中后，命令孟获和各部落的首领照旧管理他们原来的地区。有人对诸葛亮说："我们好不容易征服了南中，为什么不派官吏来管理，反倒仍旧让这些头领管呢？"诸葛亮说："我们派官吏来，没有好处，只有不方便。因为派官吏，就得留兵。留下大批兵士，粮食接济不上，他们吃什么？再说，刚刚打过仗，难免死伤了一些人，如果我们留下官吏统治，一定会发生祸患。现在我们不派官吏，既不需要留军队，又不需要运军粮。让各部落自己管理，汉人和各部落相安无事，岂不更好？"大家听了诸葛亮这番话，都钦佩他想得周到。

诸葛亮率领大军回到成都，后主和朝廷大臣都到郊外迎接，大家都为平定南中而感到高兴。

越王勾践卧薪尝胆

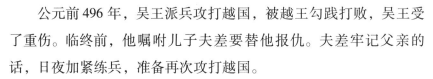

国耻未雪，何由成名？

——李白

公元前496年，吴王派兵攻打越国，被越王勾践打败，吴王受了重伤。临终前，他嘱咐儿子夫差要替他报仇。夫差牢记父亲的话，日夜加紧练兵，准备再次攻打越国。

过了两年，夫差率兵于夫椒大败勾践，勾践被包围，无路可走，准备自杀。这时谋臣文种劝住了他，说："吴国大臣伯嚭贪财好色，可以派人去贿赂他。"勾践听从了文种的建议，就派他带着美女西施和珍宝贿赂伯嚭，伯嚭答应带西施和文种去见吴王。文种见了吴王，献上西施，说："越王愿意投降，做您的臣下伺候您，请您饶恕他。"伯嚭也在一旁帮文种说话。伍子胥站出来大声反对道："人常说'治病要除根'，勾践深谋远虑，文种、范蠡精明强干，这次放了他们，他们回去后就会想办法报仇的！"这时的夫差认为越国已经不足为患，又看上了西施的美色，就不听伍子胥的劝告，答应了越国的投降，把军队撤回了吴国。吴国撤兵后，勾践带着妻子和大夫范蠡到吴国伺候吴王，放牛牧羊，终于赢得了吴王的欢心和信任。三年后，他们被释放回国了。

勾践回国后，发愤图强，准备复仇。他怕自己贪图舒适的生活，消磨了报仇的意志，晚上就枕着兵器，睡在稻草堆上。他还在房子里挂上一只苦胆，每天早上起来后就尝尝苦胆，不断地提醒自己："你忘了三年的耻辱了吗？"他派文种管理国家政事，又派范蠡管理军事，自己到田里与农夫一起干活，妻子也纺线织布。勾践的这些举动感动了越国上下，经过十年的艰苦奋斗，越国终于兵精粮足，转弱为强。再说吴王夫差，自从战胜越国后，以为没有了后顾之忧，从此沉迷于西施的美色，过着骄奢淫逸的生活。他又狂妄自大，不顾人民的困苦，经常出兵与其他国家打仗。他还听信伯嚭的谗言，杀了忠臣伍子胥。这时的吴国，貌似强大，实际上已经是走下坡路了。

公元前482年，夫差亲自率领大军北上，与晋国争夺诸侯盟主之位。越王勾践趁吴国精兵在外，突然袭击，一举打败吴国军队，杀了吴太子友。夫差听到这个消息后，急忙带兵回国，并派人向勾践求和。勾践认为暂时灭不了吴国，就同意了。公元前473年，吴国已经是强弩之末，终被越国打败。夫差又派人向勾践求和，范蠡坚决主张要灭掉吴国。夫差见求和不成，才后悔没有听从伍子胥的忠告，于是拔剑自杀了。

第五章

不畏强权　直言进谏

以死明志的屈原

屈原是战国时期楚国人，杰出的政治家和爱国诗人。名平，字原，丹阳（今湖北秭归）人。屈原开创了诗歌从集体歌唱转变为个人独立创作的新纪元，是我国积极浪漫主义诗歌传统的奠基人，也是"世界四大文化名人"之一。

楚国被秦国打败以后，楚怀王想重新和齐国联合。秦昭襄王即位以后，很客气地给楚怀王写信，请他到武关（在今陕西丹凤东南）相会，当面订立盟约。

楚怀王接到秦昭襄王的信，不知该不该去。不去呢，怕得罪秦国；去呢，又怕有危险。他就跟大臣们商量。大夫屈原对楚怀王说："秦国像豺狼一样，咱们受秦国的欺负不止一次了。大王一去，准入他们的圈套。"可是怀王的儿子公子子兰却一股劲儿劝楚怀王去，说："咱们把秦国当作敌人，结果死了好多人，又丢了土地。如今秦国愿意跟咱们和好，怎么能推辞人家呢？"

楚怀王听信了公子子兰的话，就去赴秦国之约了。

果然不出屈原所料，楚怀王刚踏进秦国的武关，立刻就被秦国预先埋伏的人马截断了后路。在会见时，秦昭襄王逼迫楚怀王割让土地给秦国，楚怀王没答应。秦昭襄王就把楚怀王押到咸阳软禁起来，要楚国大臣拿土地来赎他。

楚国的大臣们听到国君被关押，便把太子立为新的国君，拒绝割让土地。这个国君就是楚顷襄王。公子子兰当了楚国的令尹。楚怀王在秦国被关押了一年多，吃尽苦头。他冒险逃出咸阳，又被秦国派兵追捕了回去，连气带病，没多久就死在秦国。

楚国人因为楚怀王被秦国关押，死在外面，心里很不平。特别是大夫屈原，更是气愤。他劝楚顷襄王搜罗人才，远离小人，鼓励将士，操练兵马，为国家和楚怀王报仇雪耻。可是他这种劝告不但不管用，反倒招来了令尹子兰和靳尚等人的仇视。他们天天在楚顷襄王面前说屈原的坏话。他们对楚顷襄王说："大王没听说屈原数落您吗？他老跟人家说，大王忘了秦国的仇恨，就是不孝；大臣们不主张抗秦，就是不忠。楚国出了这种不忠不孝的君臣，哪儿能不亡国呢？大王，你想想这叫什么话！"楚顷襄王听了大怒，把屈原革职，放逐到江南。

屈原怀着救国救民的志向和富国强民的打算，反倒被奸臣排挤。他长期流浪沅湘流域，经常在汨罗江（在今湖南省东北部）一带一边走，一边唱着伤心的诗歌。

附近的庄稼人知道他是一个爱国的大臣，都很同情他。有一个经常在汨罗江上打鱼的渔父，很佩服屈原的为人，但是不赞成他那愁闷的样子。

有一天，屈原在江边遇见渔父。渔父对屈原说："您不是楚国的大夫吗？怎么会弄到这等地步呢？"屈原说："许多人都是肮脏的，只有我是干净的；许多人都喝醉了，只有我还醒着。所以，我被赶到这儿来了。"渔父不以为然地说："既然您觉得别人都是肮脏的，就不该自命清高；既然别人喝醉了，那么您何必独自清醒呢!"屈原反对说："我宁愿跳进江心，埋进鱼肚子里，也不能让自己干净的身子跳到污泥里，去染得一身脏。"

公元前 278 年，楚国郢都被秦军攻破后，屈原感到一切希望都破灭了。为了表明自己至死不离祖国的决心，也为了殉于自己的理想，屈原终于抱着一块大石头，跳进了汨罗江。

据说，那天刚好是农历五月初五。附近的庄稼人听说后，都划着小船去救屈原。可是一片汪洋，哪儿有屈原的影子。大伙儿在汨罗江上捞了半天，也没有找到屈原的尸体。渔父很难受，他对着江面，把竹筒里的米饭撒了下去，算是献给屈原的。到了第二年五月初五那一天，当地的百姓想起这是屈原投江一周年的日子，又划船把竹筒里盛的米饭撒到水里去祭祀他。后来，他们把盛着米饭的竹筒改为粽子，把划小船改为赛龙舟。这种纪念屈原的活动渐渐成为一种风俗。

屈原死后，留下了许多优秀的诗歌。他在诗歌里痛斥小人，表达了他忧国忧民的心情，对楚国的一草一木，都寄托了无限的深情。

韩愈谏迎佛骨

韩愈（768—824）字退之，是唐代文学家、哲学家。河南河阳（今河南孟州南）人，世称韩昌黎。谥号文，又称韩文公。他与柳宗元同为唐代古文运动的倡导者，并称"韩柳"。宋代苏轼称他"文起八代之衰"，明人推他为"唐宋八大家"之首，有"文章巨公"和"百代文宗"之名。

韩愈认为自魏晋南北朝以来，社会风气不好，连文风也衰落了。许多文人写的文章，喜欢堆砌辞藻，讲求对偶，缺少真情实感。他决心对这种文风进行改革，写了不少散文，在当时产生了很大的影响。他的主张和写作实践实际上是一种改革，但是也继承了古代散文的一些传统，所以被称为"古文运动"。

韩愈不但善于写文章，还是个直言敢谏的大臣。唐宪宗到了晚年，迷信佛法。他打听到凤翔的法门寺里，有一座佛塔，塔里供奉着一根骨头。据说是释迦牟尼留下来的一节指骨，每三十年开放佛塔一次，让人瞻仰礼拜。传说这样能够求得风调雨顺，人人平安。

唐宪宗特地派了三十人的队伍，到法门寺把佛骨隆重地迎接到长安。他先把佛骨放在皇宫里供奉，再送到寺里，让大家瞻仰。下面的一班王公大臣，一看皇帝这样认真，不论信还是不信，都要凑个热闹。许多人千方百计想获得瞻仰佛骨的机会。有钱的，捐了香火钱；没钱的，就用香火在头顶、手臂上烫几个香疤，也算表示对佛的虔诚。

韩愈是向来不信佛的，更不要说瞻仰佛骨了。他对这样铺张浪费来迎接佛骨的做法很不满意，就给唐宪宗上了一道奏章，劝谏唐宪宗不要干这种迷信的事。他说，佛法的事，中国古代是没有的，到了汉明帝时才传了进来。他又说，历史上凡是信佛的皇帝，寿命都不长，可见佛是不可信的。

唐宪宗收到奏章，大发脾气，立刻把宰相裴度叫来，说韩愈诽谤朝廷，非把他处死不可。

裴度连忙替韩愈求情，唐宪宗气慢慢消了，说："韩愈说我信佛过了头，我还可宽恕他；他竟说信佛的皇帝，寿命都短，这不是在咒我吗？就凭这一点，我不能饶他。"

后来，唐宪宗决定把韩愈降职到潮州去当刺史。

从长安到潮州，路远迢迢，韩愈被派到那么偏远的地方去，一路上的辛酸无法言说。

直言进谏的魏徵

魏徵，字玄成，唐朝初年政治家。他从小失去父母，家境贫寒，喜爱读书，曾出家当过道士。隋大业末年，魏徵在隋武阳郡丞元宝藏帐下为官。元宝藏举郡归降李密后，他又被李密任为元帅府文学参军，专掌文书卷宗。玄武门事变后，魏徵被李世民吸纳为幕僚，后被擢升为谏议大夫。

魏徵进谏，凡是他认为正确的意见，必定当面直谏，坚持到底，决不背后议论，这是他的可贵之处。有一次，唐太宗对长孙无忌说："魏徵每次向我进谏时，只要我没接受他的意见，他总是不答应，不知是何缘故？"未等长孙无忌答话，魏徵接过话头说："陛下做得不对，我才进谏。如果陛下不听我的劝告，我又立即顺从陛下的意见，那就只有依照陛下的旨意行事，岂不违背我进谏的初衷了吗？"太宗说："你当时应承一下，顾全我的体面，退朝之后，再单独向我进谏，难道不行吗？"魏徵解释道："从前，舜告诫群臣，不要当面顺从我，背后又另讲一套，这不是臣下忠君的表现，而是阳奉阴违的奸佞行为。对于您的看法，微臣不敢苟同。"太宗非常赞赏魏徵的意见。

在国家大政方针上，魏徵主张宜快不宜慢，宜急不宜缓。唐太宗即位之时百废待兴。一天，他问魏徵："贤明的君主治理好国家需要百年的时间吧？"魏徵不同意唐太宗的想法，说："圣明的人治理国家，就像声音立刻就有回音一样，一年之内就可见到效果，三年见效都太晚了，怎么要等百年才能治理好呢？"尚书仆射封德彝嘲笑魏徵的看法，魏徵说："大乱之后治理国家，就像饿极了的人要吃东西一样，来得更快。行帝道则帝，行王道则王，事在人为，而不是人民是否可以教化。"太宗听从了魏徵的意见，积极采取有效措施，只过了几年，唐朝就出现了贞观之治的局面。

魏徵还主张取信于民，不要朝令夕改，让人无所适从。唐朝原定十八岁的男子才参加征兵服役。一次，为了多征兵巩固边境，唐太宗要求十八岁以下身体魁梧壮实的男子全部应征。魏徵坚决不同意，说："涸泽而渔，焚林而猎，是杀鸡取卵的做法。兵不在多而在精，何必为了充数把不够年龄的人也弄来呢？况且这也是失信于民。"唐太宗问自己是否有失信于民的事，魏徵举了三个例子。太宗虽然觉得言词尖刻，难听刺耳，但心中仍很高兴，认为魏徵忠于朝廷，是用精诚之心辅佐自己，于是便下令停止征召十八岁以下的男子入伍，同时奖赏魏徵一口金瓮。

在个人享乐方面，魏徵经常犯颜直谏。有一次，唐太宗想去南山打猎，车马都准备好了，最后还是没去。魏徵问他为什么没有去，唐太宗说："我起初是想去打猎，可又怕你责备，就不敢出去了。"还有一次，唐太宗从长安去洛阳，因为当地供奉的东西不好，唐太宗很生气。魏徵对唐太宗说："隋炀帝就是因为无限制地追求享乐而自取灭亡的。现在陛下因为供奉不好就发脾气，以后必然上行下效，各地方官员拼命供奉陛下，以求陛下满意。供奉是有限

第五章

不畏强权　直言进谏

79

的，人的奢侈欲望是无限的，如此下去，隋朝的悲剧又将会重演了。"唐太宗听了这番话心里一惊，之后很注意节俭。

对于唐太宗的品德修养，魏徵也很重视。他直言不讳地对唐太宗说："居人上者，其身正，不令而行；其身不正，虽令不从。"他还引用荀子的话告诫太宗，君主似舟，人民似水，水能载舟，亦能覆舟。这句话对唐太宗震动很大，他一直牢记在心。一次，唐太宗问魏徵怎样做一个明君而不要做一个昏君，魏徵就讲了隋朝虞世基的故事。虞世基专门投隋炀帝所好，专说顺耳的话，不讲逆耳之言；专报喜，不报忧，结果隋朝灭亡。由此魏徵得出了一个著名的结论，即"兼听则明，偏信则暗"。

魏徵以直谏著称，但并非不讲究语言艺术，他有时也会以文才雅兴暗喻讽劝，委婉地开导唐太宗，使其醒悟改过。贞观十一年，唐太宗到洛阳巡视，百官随行。唐太宗在洛阳宫西苑宴请群臣，又带群臣泛舟积翠池。唐太宗指着两岸的景色和宫殿，对大臣们说："隋炀帝穷奢极欲，大兴土木，宫殿园苑遍布京都，结果官逼民反，身死异乡。而今这些宫殿、园苑尽归于我。炀帝亡国，与佞臣阿谀奉承、弄虚作假、助纣为虐有很大的关系，你们可要引以为戒啊！"魏徵立即回答道："臣等以宇文述等佞臣为戒，理固当然。望陛下以炀帝为鉴，则国家太平，万民幸甚！"唐太宗听了魏徵之言，觉得很有道理，主张君臣共勉。他又要求群臣赋诗助兴，群臣恭请唐太宗先赋，唐太宗略一沉思，立即朗声吟诵了一首诗。唐太宗将诗命名为《尚书》，他以《尚书》中的骄奢淫逸的昏君为例，指出他们身败名裂、国破家亡是咎由自取。那些克己俭朴、勤政爱民的明君，尽管在历史上不多，但却名垂千古、青史流芳，原因在于他们注重修养，不断做好事，为民谋利。唐太宗此诗，通过咏史，抒发了他立志做一个"克己明君"的襟怀。群臣一听，齐声赞颂。

唐太宗要求群臣逐一赋诗，魏徵当仁不让，立赋《西汉》一诗。在这首诗中，魏徵以西汉初年几个有作为的皇帝为例，说明帝王贤明，勤劳国事，既建武功又修文治，才能受到百姓的爱戴。魏徵希望唐太宗向刘邦等帝王学习，既"受降"于秦王子婴，建灭秦之武功；又礼遇儒生叔孙通，开文治之基业。唐太宗聪颖过人，一听此诗，便知魏徵暗含讽意，他激动地说："魏徵忠心耿耿，不仅以奏疏谏我，而且赋诗时，又以礼仪开导于我，真可谓知古德的忠直之臣。"

唐太宗对魏徵的评价很高。有一次，他问群臣："魏徵与诸葛亮相比，哪个更为贤良？"岑文本说："诸葛亮才兼将相，魏徵不如他。"唐太宗却说："魏徵以仁义之道辅佐我治国，希望我成为尧、舜那样的明君，就此而言，诸葛亮也不能同他相提并论。"可见，在唐太宗的心中，魏徵的才德是何等之高。

魏徵和唐太宗相处十七年，一个以直言进谏著称，一个以虚怀纳谏出名，尽管有时争论激烈，互不相让，最后唐太宗也能按治道而纳谏，这种君臣关系在历史上极为罕见。魏徵去世后，唐太宗极为思念，感慨地说："夫以铜为镜，可以正衣冠；以古为镜，可以知兴替；以人为镜，可以明得失。朕常保此三镜，以防己过。今魏徵殂逝，遂亡一镜矣。"魏徵成为唐太宗预防自己犯错的一面明镜，这充分体现了魏徵在唐太宗治理国家的过程中的重要作用。

坚持己见的寇準

> 以执两为兼听，而不以狐疑为兼听。
>
> ——魏源

寇準（961—1023），北宋政治家。字平仲，华州下邽（今陕西渭南北）人。寇準在宋太宗时期担任过副宰相等重要官职，他的正直敢谏非常出名。

有一次，寇準上朝奏事，触犯了宋太宗。宋太宗听不下去，怒气冲冲站起来想回到内宫去。寇準却拉住宋太宗的袍子不让他走，请宋太宗坐下听完他的话。宋太宗拿他没有办法，只好坐下听完，后来还称赞说："我有寇準，就像唐太宗有魏徵一样。"

但是正因为他为人正直，得罪了一些权贵，后来被排挤出朝廷，到地方去做知州。

后来，辽军多次进犯边境。宋太宗的儿子宋真宗赵恒即位后，有人向宋真宗推荐寇準担任宰相，说寇準忠于国家，办事有决断。

宋真宗说："听说寇準这个人好强任性，怎么办？"

这个大臣说："现在辽军进犯中原，正需要像寇準这样的人来承担大事。"

宋真宗看到边境形势危急，接受了大臣的推荐，把寇準召回京城。

1004 年，辽萧太后、辽圣宗亲自率领大军南下，前锋已经到了澶州（今河南濮阳）。告急文书像雪片一样飞到朝廷。寇準劝宋真宗带兵亲征，副宰相王钦若和另一个大臣陈尧叟却暗地里劝宋真宗逃跑。王钦若是江南人，他劝宋真宗逃往金陵；陈尧叟是蜀人，他劝宋真宗逃往成都。

宋真宗听了这些意见，犹豫不决，最后召见宰相寇準，问他："有人劝我逃往金陵，有人劝我逃往成都，你看该怎么办才好？"

寇準一看两边站着的王钦若和陈尧叟，心里早有了数。他声色俱厉地说："这是谁出的好主意？出这种主意的，应该先斩他们的头！"他认为只要宋真宗亲自带兵出征，鼓舞士气，一定能打退辽军。并且说，如果放弃东京南逃，人心动摇，敌人就会乘虚而入，国家就保不住了。

宋真宗听了寇準一番话，决定亲自率兵出征，由寇準随同指挥。

大队人马行进途中，听到南下辽军兵势强大，一些随行大臣吓坏了。他们趁寇準不在的时候，又在宋真宗身边唠叨，劝宋真宗暂时退兵，避一避风头。宋真宗一听这些意见，就动摇起来，又召见寇準。

宋真宗对寇準说："大家都说往南方跑好，你看呢？"

寇準严肃地说："主张南逃的都是懦弱无知的人。现在敌人迫近，人心动荡。我们只能前进一尺，不可后退一寸。如果前进，河北各军士气百倍；如果回兵几步，那么全军瓦解，敌人紧紧追赶，陛下想到金陵也去不成了。"

宋真宗听寇準说得义正词严，无话可说，但是心里还是七上八下，拿不定主意。

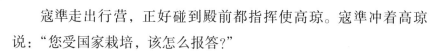

寇準走出行营，正好碰到殿前都指挥使高琼。寇準冲着高琼说："您受国家栽培，该怎么报答？"

高琼说："我愿以死报国。"

寇準就带着高琼又进了行营，重新把自己的意见向宋真宗说了一遍，并且说："陛下如果认为我的话不对，请问问高琼。"

高琼在旁边接着说："禁军将士家属在东京，都不愿南逃。只要陛下亲征澶州，我们决一死战，击败辽兵不在话下。"

宋真宗还没开口，寇準紧接着又说了一句："机不可失，请陛下立刻动身！"

在寇準、高琼和将士们的催促下，宋真宗决定继续前进。

这时候，辽军已经从三面围住了澶州。宋军在要害的地方设下弩箭。辽军主将萧挞凛带了几个骑兵观察地形，正好进入宋军伏弩阵地，弩箭齐发，萧挞凛中箭丧了命。

辽军主将一死，萧太后既痛惜又害怕。她又听说宋真宗亲自率兵抵抗，就有心讲和。

澶州城横跨黄河两岸。宋真宗在寇準、高琼等文武大臣的护卫下，渡过黄河，到了澶州北城。这时候，各路宋军也已经集中到澶州，将士们看到宋真宗的黄龙大旗，士气高涨，欢声雷动。

萧太后派使者到了宋行营议和，要宋割让土地。宋真宗听到辽肯议和，正合他的心意。他找寇準商量，说："割让土地是不行的。如果辽人要点金银财帛，我看可以答应他们。"

寇準反对议和，说："他们要议和，就要他们归还燕云失地，哪能再给他们钱财。"

但是，宋真宗一心要议和，不顾寇準的反对，派使者曹利用到辽营谈判议和条件。曹利用临走的时候，宋真宗叮嘱他说："如果他们要赔款，迫不得已，就算是每年一百万也答应。"

寇準在旁边听了很痛心，只是当着宋真宗的面不便再争。曹利用离开行营，寇準紧紧跟在后面，一出门，一把抓住曹利用说："赔款数目不能超过三十万，否则回来的时候，我要你的脑袋！"

曹利用知道寇準的厉害，到了辽营，经过一番讨价还价，最后定下来，由宋每年给辽银绢三十万。

曹利用回到行营，宋真宗正在吃饭，不能马上接见。宋真宗急着要知道谈判结果，就叫太监出来问曹利用到底答应了多少。曹利用觉得这是国家机密，一定要面奏。太监要他说个大概，曹利用没办法，只好伸出三根手指。

太监向宋真宗回报，宋真宗以为曹利用答应的赔款数目是三百万，不禁惊叫起来："这么多！"他略略想了一下，又轻松起来，说："能够了结一件大事，也就算了。"

他吃完饭，就让曹利用进来详细汇报。当曹利用说出答应的银绢数目是三十万的时候，宋真宗非常高兴，直称赞曹利用办事能干。

接着，宋辽双方正式达成和议，宋每年给辽绢二十万匹，银十万两。历史上把这次和议叫作"澶渊之盟"。

由于寇準坚持抗战，避免了更大的失败。宋真宗觉得寇準有功劳，很敬重他。但是主张逃跑的王钦若却在宋真宗面前说，寇準劝宋真宗亲征，是把宋真宗当赌注，孤注一掷，简直是国家的一大耻辱。宋真宗一想起在澶州的情景，有点后怕，就反过来怨恨寇準，竟把忠心耿耿的寇準的宰相职位给撤了。

包拯三谏宋仁宗

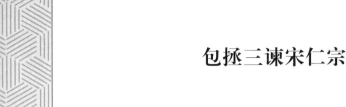

镜破不改光，兰死不改香。

——孟郊

包拯（999—1062），字希仁，庐州合肥（今属安徽）人。北宋天圣进士，曾任监察御史、龙图阁直学士、枢密副使等职。

1050年，宋仁宗下诏以三司使张尧佐为淮康军节度使、宣徽南院使、景灵宫使。张尧佐是张贵妃的伯父，因为张贵妃受到宋仁宗宠爱，张尧佐也就青云直上。

包拯时任监察御史，负责对皇帝、百官的纠弹。他认为宋仁宗一再超擢张尧佐，任人唯亲，不合大宋法度。他上书指出宋仁宗提拔张尧佐的错误决定，并指出是后宫干政、个别大臣曲意逢迎导致。包拯此举如石破天惊，赢得了百官的一片称赞，大臣们纷纷上书反对任命张尧佐。面对强大的舆论压力，宋仁宗只好收回成命。

转眼到了第二年正月，宋仁宗经不住张贵妃的一再请求，再次下旨擢升张尧佐。包拯不怕触怒宋仁宗和张贵妃，又上书表达对此事的不满。张尧佐见包拯等人言辞激烈，感到众怒难平，当即表示不接受委任。于是，宋仁宗也就顺势收回成命。

可是张贵妃却很不高兴，一再在宋仁宗耳边吹风。同年八月，宋仁宗金殿早朝，张贵妃特意送他到宫门口，抚着宋仁宗的后背，柔声说："官家今日不要忘了封宣徽使之事啊。"

金殿之上，宋仁宗果然又一次降旨擢升张尧佐。可御旨一下，包拯马上上奏。这一回，宋仁宗打定主意，坚持己见，说："张尧佐并无大过，可以擢升。"

包拯谏驳道："各地官吏违法征收赋税，闹得民怨纷纷。张尧佐身为主管，怎能说是无大过呢？"

宋仁宗叹了口气，说道："这已是第三次下旨任命了。朕既贵为天子，难道擢升一个人就这么不容易？"

包拯闻言直趋御座，高声说道："难道陛下愿意不顾民心向背吗？臣既为谏官，岂能自顾安危而不据理力争？"张尧佐站在一旁，听得心惊肉跳。

宋仁宗见包拯这么执着，众大臣又纷纷赞同，而自己又没有合适的理由反驳，心里非常生气，于是一甩手回到后宫里。

张贵妃早已派人打探消息，知道又是包拯犯颜直谏，惹得宋仁宗下不了台，所以等宋仁宗一回来，她马上迎上前去谢罪。

宋仁宗余怒未消，举袖擦脸，说："包拯说话，唾沫直溅到朕的脸上！你只知道宣徽使、宣徽使，就不知道包拯他还在当御史！"

包拯曾写过一首名为《书端州郡斋壁》的诗：

> 清心为治本，直道是身谋。
> 秀干终成栋，精钢不做钩。
> 仓充鼠雀喜，草尽兔狐愁。
> 史册有遗训，毋贻来者羞。

这首诗，可以说是他一生人格精神的写照。

为善去恶的刘宗周

> 天地有正气，杂然赋流形。
>
> ——文天祥

刘宗周是明末理学家。他品格高尚、勇敢坚毅、刚直敢言、风节凛然。

有一年，皇帝在文华殿亲试阁臣，刘宗周是候选人之一。他此时的名气已经非常大，正是众望所归，皇帝对他的兴趣也很浓。

召对中，崇祯问兵事如何。刘宗周对以内政既修，远人自服，并举舜时有苗叛乱，中央政府自修文礼，跳一跳舞，有苗就归顺了为例。

这道理也不能算错，但这时明朝离灭亡不到十年。内乱外寇交相侵逼，天下沸腾，国事已近不可问之地步。在烽火连天之际，刘宗周的话在许多人听来，实在是答非所问。他退下后，崇祯皱眉对首辅温体仁说："迂哉，宗周之言也，打仗的时候说什么跳舞呀？"这样他就没选上，只去做工部左侍郎。

这次没有入阁，刘宗周并不是很在意。明代后期，士人与皇帝的合作出了问题，互不信任。崇祯之初，大家对这位年轻皇帝寄望很高，指望他能把以前皇帝欠大家的"账"还清，好重新合作。刘宗周是很坚决地持此立场的。他曾指责崇祯背叛了与众人的默契，说："今日之祸，己巳以来酿成之也。"己巳是崇祯二年，那一年满洲兵入关，直抵京城之下，袁崇焕被逮，次年被杀。在这些事件中，崇祯与士人发生激烈的冲突，从此不和。

又过了几年，刘宗周痛切时艰，上疏批评皇帝没有尧舜之心。他说是皇帝当初重用内臣，得罪多士，"一念之矫枉，而积渐之势，酿为厉阶"。今日之务，首先需要皇帝向天下做检讨，然后弃法用道，清理内政，招抚流亡。至于兵事，则"陈师险隘，坚壁清野，听其穷而自解来归"。也就是说，只有怀尧舜之心，行尧舜之政，那些内贼外寇，才会解甲归心，不费一刀一剑，天下可平。

他的哲学重视诚意，主张由内及外。对他来说，世上的事务，并无分别，其道理都由心性理气生发而出，推论而来。在今天的人看来，这未免是将形而上与形而下混为一谈，将道德与政治混为一谈，把精神自由与权力自由混为一谈，但它正是传统的态度。哪怕是洪水滔天，也不能影响刘宗周的哲学信心。

崇祯看了他的封事，怒火中烧，大骂刘宗周迂腐，斥以"如流寇静听其穷，中原岂堪盘踞？烽火照于甘泉，虚文何以撑住"。崇祯的愤怒不在于刘宗周的迂腐，而在于刘宗周指出他应该为今天的局面负责，这是他最痛恨的话。

在崇祯一方，向刘宗周询问兵事，本来就是问错了人。在刘宗周一方，则也不认为自己没有义务或能力回答此类问题。

后来，类似的事又重演了一次。有御史推荐西洋人汤若望善火器，请上召对。时任左都御史的刘宗周谏止曰："用兵之道，太上汤武之仁义，其次桓文之节制，下此非所论矣。不恃人而恃器，国威所以日顿也。汤若望倡邪说以乱大道，已不容于尧舜之世，今又作为奇巧以惑君心……"

崇祯说，火器还是要用的，当然你讲的大道理也是对的。刘宗周又说："火器终无益于成败之数。"皇帝说："那你说怎么办?"刘宗周说："十五年来，你事情做得不对，至有今日之败局，你应该做的是推原祸始，改弦更辙，而不是拿火器这样的苟且办法来补漏。"皇帝这时脸色就有些不对，说："往事不可追，现在的事如何办?"刘宗周对以"用好人"，文官不爱钱，武官不怕死，天下自然太平。

这场对话的结果不问可知。明亡后，刘宗周绝食而死。他的死，不是殉明，而是殉道。

第六章

勇保气节　敢说真话

秉笔直书的太史公

　　公元前 548 年，齐国大夫崔杼在自己的府中设计诱杀了齐庄公。之后，崔杼召集百官，宣布立齐庄公之幼弟杵臼为君，称齐景公，接着又自立为相，成为了一人之下、万人之上的权臣。在刀剑面前，唯唯诺诺的齐国官员只有接受这个国君和丞相。崔杼担忧百官不服，遂率百官到太庙歃血盟誓。"诸君若有不与崔杼同心者，必遇凶而亡！"听着崔杼寡廉鲜耻的誓词，百官心中愤恨不已，可望着太庙内外的甲士和甲士手中寒光凛凛的刀戈，只有叹着气随崔杼盟誓了。

　　百官的归顺令崔杼心安不少，可他依然睡不着觉。弑君毕竟是十恶不赦的罪过，生前即使权倾朝野，死后也免不了遭人唾骂。怎么办呢？时间可以改变一切，历史却不因时间而改变。那么记载历史的史书呢？只要写进史书，一切不就成了历史？于是，崔杼急召太史（记载史事的官）伯到相府议事。"你要把我的话记入简册。"崔杼的双目透着杀气道，"就写：'庄公以疟疾殁。'"太史伯似乎没有听到崔杼的话，笔走龙蛇，飞快地在竹简上写下"崔杼弑其君"五个字。崔杼大怒："你不服从我的命令，就不怕死吗？"太史伯坦然地说："如果不按照事实记史，还叫什么太史？"崔杼挥手命令甲士将太史伯斩首，然后又召太史伯的弟弟太史仲进府。太史仲得知兄长被杀，进府后，未等崔杼开口，就将"崔杼弑其君"五个字写到竹简上，交给崔杼。崔杼看到这五个字，握着竹简的手颤抖起来，脸因恼怒失去了血色。"斩！"他从喉咙里迸出沉闷的声音。"叫太史叔来！"崔杼怒气未消，又令侍者召太史伯的三弟进府。"太史叔、太史季已在府门外等候召见。"侍者说。太史伯家兄弟四人都是史官。仲被崔杼召走后，叔、季二人知道仲不会将伪史写上简册，必死在崔杼的刀下，于是一起来到丞相府前等候崔杼召见。太史叔站到崔杼面前轻蔑地问："丞相召我，是为庄公之事吗？""是，你打算怎样写？""与兄同。""他们死了！""与兄同死！"太史叔毅然在竹简上写下"崔杼弑其君"，然后含笑引颈请死，崔杼气得七窍生烟，声嘶力竭地朝太史叔吼道："杀！杀！"太史叔的血还未流尽，太史季已持简面对着崔杼了。"你的三个哥哥都死了，你若按照我的话去做，可免一死。"崔杼威胁说。太史季冷笑道："史官为史不惧死，秉笔直书是史官的职责。若要失职才能活着，不如死去！"说罢，他在竹简上写下"崔杼弑其君"，递给了崔杼。崔杼胆怯了，太史伯四兄弟为据实直书前仆后继，震慑了他。他不敢再举起屠刀，无奈地将简册扔给太史季，让他走了。

太史季在回史馆的路上，遇到史官南史氏持简匆匆赶来。"崔杼弑君之事怎样了？"南史氏擦着额上的汗问。"已记到简册上了。"太史季打开简册让南史氏阅过后说，"我的三个哥哥总算没有白死。"南史氏慨叹道："我听说你们兄弟四人都被崔杼杀死，担心崔杼弑君之事无人记载，便匆忙地赶来。看来我不用死了。"

文天祥在《正气歌》中写道："在齐太史简，在晋董狐笔。"

太史伯四兄弟为了尽史官之职，不将伪史入册，前仆后继，凛然赴义的故事至今仍震撼人心。敢于为正义献身也已成为令中华儿女引以为豪的美德。

苏武牧羊

> 古之立大事者，不惟有超世之才，亦必有坚忍不拔之志。
>
> ——苏轼

在中国有一个流传广泛的故事，就是苏武牧羊。

苏武，字子卿，西汉杜陵（今陕西西安东南）人。当时中原地区的汉朝和北方少数民族政权匈奴的关系时好时坏。公元前100年，匈奴政权新单于即位，汉朝皇帝为了表示友好，派遣苏武率领一百多人，带了许多财物，出使匈奴。不料，就在苏武完成了出使任务，准备返回中原时，匈奴上层发生了内乱，苏武一行受到牵连，被扣留下来，并被要求背叛汉朝，臣服单于。

最初，单于派人向苏武游说，许以丰厚的俸禄和高官，被苏武严词拒绝了。匈奴见劝说没有用，就决定用酷刑。当时正值严冬，天上下着鹅毛大雪。单于命人把苏武关入一个露天的大地窖，断绝食品和水，希望这样可以改变苏武的信念。一天天过去了，苏武在地窖里受尽了折磨。渴了，他就吃一把雪；饿了，就嚼身上穿的羊皮袄。过了好几天，单于见濒临死亡的苏武仍然没有屈服的意思，只好把苏武放出来了。

单于知道劝说苏武投降没有希望，但越发敬重苏武的气节，不忍心杀苏武，又不想让他返回中原，于是决定把苏武流放到西伯利亚的贝加尔湖一带，让他去牧羊。临行前，单于召见苏武，说："既然你不投降，那你就去放羊，什么时候公羊生了羊羔，我就让你回到中原去。"

与他的同伴分开后，苏武被流放到了人迹罕至的贝加尔湖边。在这里，单凭个人的力量是无论如何也逃不掉的。唯一与苏武做伴的，是那根代表汉朝的旌节和一小群羊。苏武每天拿着这根旌节放羊，心想总有一天能够拿着它回到中原。这样日复一日，年复一年，旌节上面的装饰都掉光了，苏武的头发和胡须也都变白了。

在贝加尔湖边，苏武牧羊达十九年之久。当初下命令囚禁他的匈奴单于已经去世了，汉武帝也去世了，汉武帝的儿子继承了皇位。这时候，新单于执行与汉朝友好的政策，汉昭帝立即派使臣把苏武接回中原。

苏武在京城受到热烈欢迎，从官吏到百姓，都向这位富有气节的英雄表达敬意。两千多年过去了，苏武崇高的气节使他成为中国人的榜样。

缇萦救父

超越自我
——以大局为重的决策力

西汉时，临淄有个小姑娘名叫淳于缇萦。她的父亲淳于意，本来是个读书人，因为喜欢医学，经常给人治病，后来做了太仓令。

后来，有人告发淳于意受贿，当地的官吏判处他"肉刑"（当时的肉刑有脸上刺字、割去鼻子、砍去左足或右足等），要把他押解到长安去受刑。淳于意有五个女儿，没有儿子。他离开家被押解去长安的时候，望着女儿们叹气，说："唉，可惜我没有儿子，遇到急难，一个有用的也没有。"

几个女儿都低着头伤心得直哭，只有最小的女儿缇萦既悲伤又气愤。她想："为什么女儿就没有用呢？"

她提出要陪父亲一起上长安去，家里人再三劝阻她也没有用。

缇萦到了长安，托人写了一封奏章，到宫门口递给守门的人。

汉文帝接到奏章，知道上书的是个小姑娘，倒很重视。那奏章上写着：

"我叫淳于缇萦，是太仓令淳于意的小女儿。我父亲做官的时候，齐地的人都说他是个清官。这回他犯了罪，被判处肉刑。我不但为父亲难过，也为所有受肉刑的人伤心。一个人被砍去脚就成了残废，被割去了鼻子就不能再长出来，以后就是想改过自新，也没有办法了。我情愿被没入官府为奴婢，替父亲赎罪，好让他有个改过自新的机会。"

汉文帝看了信，十分同情这个小姑娘，又觉得她说得有道理，就召集大臣们，对大臣说："犯了罪该受罚，这是没有话说的。可是受了罚，也该让他重新做人才是。现在惩办一个犯人，在他脸上刺字或者毁坏他的肢体，这样的刑罚怎么能劝人为善呢？你们商量一个代替肉刑的办法吧！"大臣们商议，制定了新的律法。

这样，缇萦不但救了她的父亲，使其免于残酷的肉刑，还引发了汉朝的法制改革。

因直言受刑的司马迁

无是非之心，非人也。

——《孟子》

司马迁，字子长，夏阳（今陕西韩城南）人，是我国西汉时期伟大的史学家、思想家、文学家。他著有《史记》，又称《太史公书》，记载了上自中国上古传说中的黄帝时代，下至汉武帝时期，共三千年左右的历史。司马迁以其"究天人之际，通古今之变，成一家之言"的史识，写成了《史记》。它是我国历史上第一部纪传体通史，对后世的影响极大，被鲁迅誉为"史家之绝唱，无韵之离骚"。

苏武出使匈奴的第二年，汉武帝派贰师将军李广利带兵三万，攻打匈奴，打了个大败仗，几乎全军覆没，李广利逃了回来。李广的孙子李陵当时担任骑都尉，带着五千步兵跟匈奴作战。单于亲自率领三万骑兵把李陵的步兵围困住。尽管李陵的箭法很好，兵士也十分勇敢，但是匈奴兵越来越多，汉军寡不敌众，后面又没救兵，最后只剩了四百多名汉兵突围出来。李陵被匈奴逮住，投降了。

李陵投降匈奴的消息震动了朝廷。汉武帝把李陵的母亲和妻儿都关进了监狱，并且召集大臣，要他们议一议李陵的罪行。大臣们都谴责李陵不该贪生怕死，向匈奴投降。汉武帝问太史令司马迁，想听听他的意见。司马迁说："李陵带去的步兵不足五千，他深入到敌人的腹地，与数万匈奴骑兵苦战多日。他虽然打了败仗，可也杀了不少敌人，可以向天下人交代了。李陵不肯马上去死，肯定有他的主意。他一定还想将功赎罪来报答皇上。"

汉武帝听了，认为司马迁这样为李陵辩护，是有意贬低李广利（李广利是汉武帝宠妃的哥哥），勃然大怒，说："你这样替投降敌人的人强辩，不是存心反对朝廷吗？"他一声令下，就把司马迁关进监狱，交给廷尉审问。审问之后，司马迁受了腐刑（一种肉刑）。

司马迁认为受腐刑是一件很丢脸的事，他曾想自杀，但想到自己有一件极重要的工作没有完成，不应该死。因为当时他正在用全部精力写一部书，这就是我国古代伟大的历史著作——《史记》。

原来，司马迁的父亲司马谈也是汉朝的太史令。司马迁小的时候，就跟随父亲到了长安，从小读了不少书籍。

为了搜集史料，开阔眼界，司马迁从二十岁开始游历祖国各

地。他到过浙江会稽，看了传说中大禹召集部落首领开会的地方；到过长沙，在汨罗江边凭吊爱国诗人屈原；到过曲阜，考察孔子讲学的遗址；到过汉高祖的故乡，听取沛县父老讲述刘邦起兵的情况……这种游览和考察，使司马迁获得了大量的知识，又从民间语言中汲取了丰富的养料，给司马迁的写作打下了重要的基础。

之后，司马迁当了汉武帝的侍从官，又跟随汉武帝巡幸各地，还奉命出使巴蜀一带。

司马谈死后，司马迁继承父亲的职务，做了太史令。从此，他阅读和搜集的史料就更多了。在他正准备着手写作的时候，就因为替李陵辩护得罪了汉武帝，进了监狱，受了刑。他痛苦地想：这是我自己的过错呀。现在受了刑，身体毁了，没有用了。但是他又想：从前周文王被关在羑里，写了一部《周易》；孔子周游列国的路上被困在陈、蔡，后来编了一部《春秋》；屈原遭到放逐，写了《离骚》；左丘明眼睛瞎了，写了《国语》；孙膑被剜掉膝盖骨，写了《孙膑兵法》。这些著作都是作者心里郁闷或者理想难以实现的时候才写出来的。我为什么不利用这个时候把这部史书写好呢？

于是，司马迁把从黄帝时代到汉武帝时期的历史，编写成一百三十篇的著作——《史记》。司马迁在《史记》中，对古代一些著名人物的事迹都作了详细的叙述。他对于农民起义的领袖陈胜、吴广，给予高度的评价；对于被压迫的下层人物，往往表示同情。他还把古代文献中过于艰深的文字改写成当时比较浅近的文字。人物描写和情节描述，形象鲜明，语言生动活泼。因此，《史记》既是一部伟大的历史著作，又是一部杰出的文学著作。

司马迁出狱以后，担任中书令。最终，郁郁寡欢地死去，但他和他的著作《史记》在我国的史学史、文学史上都享有很高的地位。

刚强不屈的颜真卿

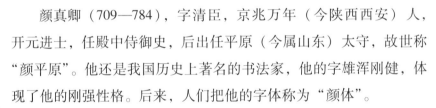

身虽死，无憾悔。

——《战国策》

颜真卿（709—784），字清臣，京兆万年（今陕西西安）人，开元进士，任殿中侍御史，后出任平原（今属山东）太守，故世称"颜平原"。他还是我国历史上著名的书法家，他的字雄浑刚健，体现了他的刚强性格。后来，人们把他的字体称为"颜体"。

安史之乱后，唐王朝从强盛转向衰落。各地节度使乘机割据地盘，扩大兵力，造成了藩镇割据的局面。唐代宗死后，他的儿子李适（音 kuò）即位，就是唐德宗。唐德宗想改变藩镇割据的局面，结果引起了藩镇叛乱。唐德宗派兵讨伐，叛乱不但没有平定，反而蔓延开来。

782 年，有五个藩镇叛乱，其中淮西节度使李希烈兵势最强，自称天下都元帅、建兴王。五镇叛乱，使朝廷大为震惊。唐德宗找宰相卢杞商量，卢杞说："不要紧。只要派一位德高望重的大臣去劝导他们，不用动一刀一枪，就能把叛乱平息下来。"

唐德宗问卢杞："你看派谁去合适？"卢杞推荐年老的太子太师颜真卿，唐德宗马上同意。

颜真卿当时是一个很有威望的老臣。安史之乱前，他担任平原太守。安禄山发动叛乱后，河北各郡大都被叛军占领，只有平原郡因为颜真卿坚决抵抗，没有陷落。后来，他的堂兄颜杲卿起兵杀了叛军将领，河北十七郡响应，大家公推颜真卿做盟主。在抗击安史叛军中，颜真卿立了大功。唐代宗的时候，他被封为鲁郡公。所以，人们又称他"颜鲁公"。

颜真卿为人正直，常常被奸人诬陷和排挤。只是因为他的威望高，所以一些奸人不得不在表面上尊重他。宰相卢杞是个心狠手辣的人，他忌恨颜真卿，平时没法下手。这一回，他趁藩镇叛乱的机会，建议派颜真卿去做劝导工作，成心陷害他。

这时候，颜真卿已经是七十多岁的老人了。许多文武官员听说朝廷派他到叛镇那里去，都为他的安全担心。但是，颜真卿却不在乎，带了几个随从就到淮西去了。

李希烈听到颜真卿来了，想给他一个下马威。在见面的时候，叫他的部将和养子一千多人都聚集在厅堂内外。颜真卿刚刚开始劝说李希烈停止叛乱，那些部将、养子就冲了上来，个个手里拿着明晃晃的尖刀，围住颜真卿又是谩骂，又是威胁，摆出要杀他的架势。颜真卿毫不畏惧，面不改色。

李希烈假惺惺站起来护住颜真卿，命令他的养子退出。接着，把颜真卿送到驿馆里，企图慢慢软化他。过了几天，几个叛镇的头目都派使者来跟李希烈联络，劝李希烈称帝。李希烈大摆筵席招待他们，也请颜真卿参加。

叛镇派来的使者见到颜真卿，都向李希烈祝贺说："早就听到颜太师德高望重，现在元帅将要称帝，正好太师来到这里，不是有了现成的宰相吗？"

颜真卿扬起眉毛，朝着使者骂道："什么宰相不宰相！我年纪快八十了，要杀要剐都不怕，难道会受你们的诱惑，怕你们的威胁吗？"

几名使者被颜真卿凛然的神色吓住了，缩着脖子说不出话来。

李希烈拿颜真卿没办法，只好把他关起来，派兵士监视着。兵士们在院子里掘了一个一丈见方的土坑，扬言要把颜真卿活埋在坑里。第二天，李希烈来看他，颜真卿对李希烈说："我的死活已经定了，何必玩弄这些花招。你把我一刀砍了，岂不痛快！"

后来，李希烈自称楚帝，又派部将逼颜真卿投降。兵士们在关禁颜真卿的院子里堆起柴火，浇足了油，威胁颜真卿说："再不投降，就把你放在火里烧！"

颜真卿二话没说，就纵身往柴火堆里跳去，兵士们连忙把他拦住。

李希烈想尽办法，也没能使颜真卿屈服，最后派人将颜真卿缢死了。

超越自我
——以大局为重的决策力

坚持原则的张说

> 不知味者，以芬香为臭；不知道者，以美言为乱耳。
>
> ——桓宽

张说（667—731）唐代文学家、诗人、政治家。字道济，一字说之，洛阳人。

唐朝武则天时期，魏元忠曾任宰相。那时候，武则天宠幸两个官员，叫张昌宗、张易之。这两个人权势很大，满朝文武官员见到他们，都要让他们三分。可是，宰相魏元忠就不把他们放在眼里。

魏元忠是个有名的硬汉，在周兴、来俊臣得势的时候，他三次被诬陷遭到流放，有一次差点被处死，但是他始终没有屈服过。他担任洛州长史的时候，张易之的仆人在洛阳大街上仗势闹事，欺压百姓。因为闹事的是张府里的人，洛阳官员不敢把他怎么样。这件事传到魏元忠那里，魏元忠把那个仆人抓了起来，一顿板子打死了。

魏元忠做了宰相后，武则天想把张易之的弟弟张昌期任命为长史，一些大臣为了迎合武则天，都称赞张昌期能干。魏元忠却说张昌期年轻不懂事，干不了这样的大事。这件事就只好搁置了下来。为了这些事，张昌宗、张易之两人把魏元忠恨得要死，千方百计想把魏元忠除掉。他们在武则天面前诬告魏元忠，说魏元忠在背后议论：武则天老了，不如跟太子靠得住。

武则天一听，非常生气，于是把魏元忠打进了监牢，准备亲自审讯，并且要张昌宗他们两人当面揭发。

张昌宗害怕辩不过魏元忠，就偷偷地去找魏元忠部下张说，要张说做伪证，并且说，只要张说答应，将来就提拔他。

第二天，武则天上朝，让张昌宗和魏元忠当面对质。魏元忠说什么也不承认有这回事。两人争论了半天，没有结果。张昌宗说："张说亲耳听到魏元忠说过这些话，可以找他来做证。"

武则天立刻传令张说进宫。听说张说要上朝做证，一个叫宋璟的官员对张说说："一个人的名誉是最可贵的。千万不要为了保全自己，去附和奸臣，陷害好人啊！为这个得罪了朝廷，就算被流放出去，脸上也光彩。"史官刘知几也在旁边提醒张说说："不要玷污青史，连累后代子孙啊！"张说明知魏元忠冤枉，但是又害怕二张的权势，思想斗争得很厉害，头上直冒汗，听了宋璟他们的一番话，才觉得胆子壮了些。张说进了朝堂。武则天问他："你听到魏元忠诽谤朝廷的话了吗？"魏元忠一见张说进来，就高声说："张说，你想跟张昌宗一起诬陷我吗？"张说回过头来哼了一声说："魏公枉做宰相，竟说出这种不懂道理的话来。"张昌宗一看张说的话不对头，就在旁边催促他，说："你别去管他，快来做证。"张说向武则天说："陛下请看，在陛下面前，他还这样胁迫我，可以想象他在宫外是怎样作威作福了。现在我不能不实说，我确实没听魏元忠说过反对陛下的话，只是张昌宗逼我做伪证罢了。"张昌宗一见张说变了卦，气急败坏地叫了起来："张说这小子是魏元忠的同谋。"武则天是个聪明人，听了张说的答话，知道魏元忠的确冤枉，但是她又不愿让张昌宗他们下不了台，就骂张说说："你真是反复无常的小人。"说着，就命令侍从把张说抓起来。之后，武则天又派人审讯张说。张说横下一条心，咬定他没有听到魏元忠说过谋反的话。

　　武则天没有抓到魏元忠谋反的证据，但还是撤了魏元忠的宰相职务，又把张说判了流放罪。

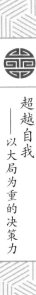

超越自我
——以大局为重的决策力

舍生取义的文天祥

> 生，亦我所欲也；义，亦我所欲也。二者不可得兼，舍生而取义者也。
>
> ——孟子

文天祥（1236—1283），字宋瑞，一字履善，号文山，吉州庐陵（今江西吉安）人。

南宋末年，朝廷偏安江南，国势衰微，北方蒙古族于1271年结束了内部争夺皇位的斗争，建立了元朝，接着把侵略矛头直指南宋。1274年，丞相伯颜率大军攻宋。从襄阳沿汉水入长江东下，两年不到，便攻至南宋首都临安的近郊。蒙古兵所过之处，尸横遍野，血流成河，农田荒废，百业凋敝，南宋面临着灭亡的危险。文天祥就是在这种形势下出现的伟大英雄。

南宋朝廷长期为投降派所把持。1259年，宰相贾似道便以称臣、割江北地区和岁纳银绢各二十万为条件，暗中屈膝求和。伯颜却意在灭宋，并不停止南侵。1275年，元军将贾似道十三万大军消灭，使得南宋朝廷再无可用之兵。

此时宋恭帝在位，年仅四岁，太皇太后谢氏临朝听政，不得不发出"哀痛诏"，号召天下四方迅速举兵"勤王"。文天祥当时正担任赣州知州，他"捧诏涕泣"，并立即行动，在三个月内便组织了一支近万人的"勤王"队伍，几经周折，赶到了临安。

　　1276年初，伯颜兵临皋亭山，左相留梦炎早已投降叛变，其他大臣或是临阵脱逃，或是俯首称臣。伯颜虽愿受降，却要右相陈宜中去元营洽谈，陈宜中哪有这个勇气？当天晚上便逃之夭夭。谢太后可派的人只剩下文天祥。他临危受命，但不是去投降。他想的是"国事至此，予不得爱身"，甚至想借此机会观察一下敌营的虚实，以谋"救国之策"。但是他没有想到，正当他被伯颜扣押不能返回宋营时，他的义兵被投降派命令解散。敌人的凶残不曾使文天祥受困，无耻的投降派却使他遭到了严重的挫折。

　　之后，文天祥被押送去大都（今北京），行至京口（今镇江），在义士的帮助下，逃脱了虎口。据他在《指南录后序》所记，在此期间至少有十六次幸免于死。他历尽千辛万苦，逃到了温州，此时他听说宋度宗的两个儿子（即宋恭帝的两个兄弟）已逃到福州，于是立即上表劝进。不久，文天祥被诏至福州，任右丞相兼枢密院事，后又被任命为同都督。七月，文天祥打起帅旗，号召四方英雄豪杰，起兵收复失地。1277年，文天祥统兵进军江西，收复南部数十州县，同时围困赣州，湖南、湖北皆起而响应，震撼了江南，极大地鼓舞了人民的斗志，使元统治者大为惊慌。元统治者忙调四十万大军来解赣州之围，另派兵五万追击文天祥。文天祥所率不过五千余人，这年八月，空坑一战，兵士溃散，部将数人牺牲，文天祥的妻妾及子女皆被俘。赵时赏在紧急中假扮文天祥，吸引了元军，文天祥才得以逃脱。赵时赏随即被杀。

　　文天祥并没有灰心丧气，他下定决心抗元到底。1278年底，他收拾残军，加以扩充，移兵至潮阳，不幸兵败五坡岭。文天祥自度难以逃出重围，当即吞服随身携带的冰片，以求一死，免遭污辱，但他并未如愿，而在昏迷中被俘了。从此以后，文天祥便再也不能统领义军在战场上与元军拼杀。

文天祥被俘后，打定主意，只求义死而不求苟生。他被扣押在北营时，便明白地告诉对手："宋状元宰相，所欠一死报国耳。宋存与存，宋亡与亡，刀锯在前，鼎镬在后，非所惧也，何怖我？"

1279年，阿合马来文天祥囚所劝降，文天祥不把他放在眼里。阿合马要他下跪，文天祥说："南朝宰相见北朝宰相，何跪？"阿合马以胜利者自居，傲慢地说："你何以至此？"文天祥嘲讽地说："南朝若早用我为相，你到不了南方，我也不会到你这里来，你有什么可神气的？"阿合马用威胁的口气对左右说："此人生死尚由我。"文天祥正义凛然道："亡国之人，要杀便杀，道甚由不由你。"阿合马自讨没趣，灰溜溜地走了。

后来，元丞相孛罗审问文天祥。孛罗一来就要威风，要文天祥跪下，遭到文天祥拒绝，左右便用武力强使文天祥作跪拜状，文天祥凛然说道："天下事，有兴有废，自古帝王以及将相，灭亡诛戮，何代无之？天祥今日……至于此，幸早施行。"

临刑前夕，忽必烈亲自出马劝降，以宰相之职作为诱饵，妄图使文天祥投降，但遭到文天祥严词拒绝。忽必烈只好问他，那你究竟要什么呢？文天祥回答说："愿以一死足矣！"文天祥这种以身殉国，视死如归的伟大精神使得敌人束手无策，一筹莫展。

1283年，文天祥英勇就义。他留下了大量诗文，如《过零丁洋》《正气歌》。这些诗文都已成为光照日月、气壮山河的绝唱以及中华民族最宝贵的精神财富。

持节不变的洪皓

苟利国家，不求富贵。

——《礼记·儒行》

南宋朝廷中除了文天祥，还有一位被誉为与汉朝苏武不相上下的坚守气节的大丈夫，那就是洪皓。

洪皓，字光弼，饶州乐平（今属江西）人，自小便非常有气节和志向。他的一生可以总结为：富贵不能淫，贫贱不能移，威武不能屈。

洪皓曾出使金朝，结果被扣十余年，历尽艰辛，但他始终持节不变，而且为官无私爱民，受人景仰。

洪皓是政和五年（1115 年）进士。宣和年间，被任为秀州司录。当时秀州发大水，百姓流离失所。洪皓向太守请求让自己担起救灾的任务，打开粮仓将粮食减价卖给灾民，百姓受益甚多。

此时，从浙东运往都城的贡米正好到秀州，洪皓请求太守留下粮食救济百姓。太守知道私截皇粮是杀头之罪，认为万万不可为。洪皓大义凛然地说："我愿以自己一人的性命来换十万人的性命。"百姓都被他深深感动，称呼他为"洪佛子"。

后来秀州军队叛乱，肆意抢掠，无一人幸免，但叛军路过洪皓家门口却不敢冒犯，并说："这是洪佛子的家。"

高宗建炎三年（1129 年），洪皓被派出使金朝。金大将完颜宗翰强迫其任南宋叛臣刘豫的伪官，洪皓严词拒绝，宁死不屈。完颜宗翰大怒，想要杀他，旁边的官员赞叹洪皓是真正的忠臣，跪下为他求情，洪皓才免于一死，但被流放到冷山一带。冷山非常寒冷，四月生草，八月就开始下雪。洪皓住在山洞里，难以找到食物。遭遇大雪时，柴火烧完，洪皓只能用马粪燃火做饭来吃。在此期间，金人不死心，经常来劝降，洪皓始终不为所动。后来金主听说他的声名，想任他为翰林直学士，洪皓坚辞不受。

洪皓在金很长时间，处境危险，但他坚守气节，连金人都非常敬佩。他所写的诗文，金人都争着传诵刻版印刷。

虽然身处危困之地，但他仍竭尽全力帮助大宋朝廷探听消息，救济帮助流落至此的宋室贵族子弟。

绍兴十二年（1142 年），洪皓被释归宋。一起去的人中，只有洪皓、张邵、朱弁得以活着回来，而以忠义闻名天下的，只有洪皓一人。

在内殿见到皇帝后，洪皓没有居功自傲，而是请求返回家乡奉养母亲。皇帝说："爱卿忠贯日月，志不忘君，即使苏武也比不过你，怎可舍我而去呢？"当即赏赐了洪皓许多财物。

洪皓后来对秦桧说不可苟安钱塘，结果被秦桧所嫉恨。秦桧屡次以谗言陷害洪皓，致使他多次被贬，在外流离辗转数年，最后在南雄州病逝。

洪皓死后第二天，秦桧也死去。但是历史给予洪皓和秦桧的评价却是天壤之别。洪皓因为持节不变而彪炳青史，万世流芳。秦桧最终被塑成石像跪在岳飞坐像前数百年之久，遭世人唾弃。

皇帝听说洪皓去世，很是叹惜，恢复其徽猷阁直学士的官衔，赐谥号"忠宣"。

不畏强权为百姓说话的海瑞

海瑞（1514—1587），明朝广东琼山（今海南海口市琼山区）人，字汝贤，自号刚峰。他取此号的意思是一切以刚为主，要终生刚直不阿，因此人们尊称他为"刚峰先生"。

海瑞是明朝有名的清官，他敢于直言进谏，惩恶扬善，一心为民谋利，被人们称为"海青天"。

在严嵩掌权的日子里，别说是严家父子，就连他们手下的同党，也没有一个不是倚官仗势，作威作福的。上至朝廷大臣，下至地方官吏，谁都让他们几分。可是淳安县有一个小小的知县，却能够秉公办事，对严嵩同党一点不讲情面。他就是大名鼎鼎的海瑞。

海瑞四岁时父亲去世，靠母亲抚养长大，家里生活十分贫苦。他中了举人后，在县里的学堂做教谕，对学生十分严格。不久，上司把他调到淳安做知县。过去，县里的官吏审理案件，大多是接受贿赂，胡乱定案的。海瑞到了淳安，认真审理积案。不管什么疑难案件，到了海瑞手里，都一件件调查得水落石出，从不冤枉好人，当地百姓都称他"青天"。

有一次，浙江总督胡宗宪的儿子带了一大批随从经过淳安县，住在县里的官驿里。要是换了别的县，官吏见到总督大人的公子，奉承都来不及。可是在淳安县，海瑞立下一条规矩，不管是大官还是贵戚，一律按普通客人招待。

胡宗宪的儿子平时养尊处优惯了，看到驿吏送上来的饭菜，认为是有意怠慢他，气得掀了饭桌，喝令随从把驿吏捆绑起来，倒吊在梁上。驿里的差役赶快报告海瑞，海瑞知道胡公子招摇过市，本来已经感到厌烦，现在竟吊打驿吏，就觉得非管不可了。海瑞听完差役的报告，说：“总督是个清官。他早有吩咐，要各县招待过往官吏时不得铺张浪费。现在来的那个公子排场阔绰，态度骄横，不会是胡大人的公子。一定是有人冒充公子，到本县来招摇撞骗的。”说着，他立刻带了一大批差役赶到驿馆，把胡宗宪的儿子和他的随从统统抓了起来，带回县衙审讯。一开始，那个胡公子仗着父亲的官势，暴跳如雷，但海瑞一口咬定他是假冒公子，还说要把他重办，他才泄了气。海瑞又从他的行装里，搜出几千两银子，统统没收充公，还把他狠狠教训一顿，撵出县境，并派人快马将此事报告到巡抚衙门，说有人冒充浙江总督的公子，非法吊打驿吏。胡宗宪明知道他儿子吃了大亏，但是海瑞信里没牵连到他，如果把这件事声张起来，反而失了自己的体面，就只好打落门牙往肚子里咽了。

不久，严嵩的党羽、都御史鄢懋卿被派到两浙视察。鄢懋卿敲诈勒索的手段更狠。他每到一个地方，地方官吏要是不“孝敬”他一大笔钱，他是决不肯放过对方的。但是鄢懋卿又偏要装出一副奉公守法的样子，他通知各地，说他向来喜欢简单朴素，不爱奉迎。海瑞听说鄢懋卿要到淳安，给鄢懋卿送了一封信去，信里说：“我们接到通知，要我们招待从简。可是据我们得知，您每到一个地方都是大摆筵席，花天酒地。这就叫我们为难啦！要按通知办事，就怕怠慢了您；要是像别的地方一样铺张，只怕违背您的意思。请问该怎么办才好。"鄢懋卿看到这封信揭了他的底，恼得咬牙切齿。但是他早听说海瑞是个铁面无私的人，又知道胡宗宪的儿子刚在淳安吃过大亏，有点害怕，就临时改变路线，绕过淳安，到别处去了。

因为这件事，鄢懋卿对海瑞怀恨在心。后来，鄢懋卿指使他的同党在明世宗面前狠狠告了海瑞一状，海瑞被调任兴国知县。等到严嵩倒台后，海瑞被选拔为户部主事，到京城赴任。

海瑞到了京城，对明世宗的昏庸和朝廷的腐败情况见得更多了。那时候，明世宗已经多年没有上朝，一直在宫里跟一些道士修道。朝臣们谁也不敢进谏。海瑞虽然官职不大，却大胆地写了一道奏疏向明世宗直谏。他把明朝的腐败现象痛痛快快地揭露出来，并指责明世宗迷信道教，昏聩误国，又提出改革措施。

海瑞把这道奏疏送上去以后，估计自己会触犯明世宗，可能保不住性命，便在回家的路上买了一口棺材。他的妻子和儿子看到后全都吓呆了。海瑞把这件事告诉了亲人们，并且把他死后的事一件件交代好，把家里的仆人也都打发走了，准备随时赴死。

果然，海瑞这道奏疏在朝廷引起了轰动。明世宗看了，又气又恨，把奏疏扔在地上，跟左右侍从说："快把这个人抓起来，别让他跑了！"旁边有个宦官早就听说过海瑞的名声，跟明世宗说："这个人是个出名的书呆子，他早知道触犯了陛下活不成，把后事都安排了。我看他是不会逃走的。"

后来，明世宗还是下令把海瑞抓了起来。直到明世宗死去，海瑞才被释放，后任南京右都御史，病逝于任上，其英名流传至今。

超越自我
——以大局为重的决策力

舍身悼亡友的鲁迅

时穷节乃见，一一垂丹青。

——文天祥

1933 年 6 月，蒋介石指使特务在上海公然将中国民权保障同盟总干事杨杏佛杀害了。消息传出，震惊了整个社会。

杨杏佛的好友鲁迅和中国民权保障同盟的其他主要成员宋庆龄、蔡元培等都收到特务的恐吓信。许多人都为鲁迅捏一把汗，劝他暂时躲一躲。

然而，鲁迅不但没有躲，反而毅然决定前去万国殡仪馆参加杨杏佛的葬礼，并且出门不带钥匙，表示有去无回，和反动派斗争到底。他说："怕什么，杀死一个杨杏佛，会有更多的杨杏佛；杀死一个鲁迅，同样会有更多的鲁迅，而且比这个鲁迅更有力。"

鲁迅的夫人许广平非常替鲁迅的安全担心，一出门就紧随鲁迅左右，随时准备用自己的身体挡住突然射来的子弹。而鲁迅却认为，死一个就够了，何必再赔上一个。他硬逼着许广平和他分开走，免得一起遇害。

万国殡仪馆里里外外布满了特务，同盟的其他成员很多都没有到场。鲁迅的出现，是特务没有预料到的，他们一时间惊慌失措，反而不知该怎么办了。有一个特务偷偷将鲁迅打量了一番，有些吃惊。他听到的宣传是，鲁迅是如何有钱，每月领上千元的津贴，又是如何可恶，专门欺骗青年人。而眼前见到的却是一个穿着补丁长衫、半旧的球鞋的老人，威严中透着一丝慈祥，说他像个正直的穷学究倒比较恰当。只是这老人身上透出一股无形的力量，尤其是那锐利的目光，像是能看透你的五脏六腑。特务拿着枪的手不由得颤抖起来。

也许是由于鲁迅在国内外威望很高，暗杀了他不好收场的缘故，反动派没敢贸然下手。送殓回来，鲁迅满腔悲愤，"怒向刀丛觅小诗"，挥笔写下了《悼杨铨》：

岂有豪情似旧时，
花开花落两由之。
何期泪洒江南雨，
又为斯民哭健儿。

第七章

坚持真理　不卖国求荣

誓死不降的张世杰

张世杰，范阳（今河北涿州）人，少时跟随元将张柔，后奔宋，成为南宋重要的抗元将领之一。

1276年，小皇帝赵㬎被俘虏到大都去后，赵㬎的两个兄弟赵昰（xià）和赵昺（bǐng），在南宋皇族和大臣陆秀夫护送下逃到福州。陆秀夫派人找到张世杰、陈宜中，把他们请到福州。三个大臣商量后，决定拥立赵昰即位，继续打起宋朝的旗帜，反抗元朝。

文天祥得到了这个消息，感到南宋有了希望，马上也赶到福州，在新的朝廷里担任枢密使。他向陈宜中建议，从海路进攻元军，收复两浙地区。但是陈宜中认为这样做太冒险，不同意文天祥的意见。

文天祥只好改变主意，到南剑州建立都督府，招募人马，准备反攻。第二年，文天祥进兵江西，在各地起义军的配合之下，连续几次打败元军，收复了会昌等许多县城。这时候，另一路元军已经南下攻打福州。眼看宋军节节败退，陈宜中就独自乘船逃到海外去了。张世杰和陆秀夫等人保护赵昰逃上船，往广东转移。不幸海上刮起一场飓风，差点把船打翻，年幼的赵昰受了惊，得病死了。

张世杰和陆秀夫在海上又拥立赵昺即位，把水军转移到厓山（今广东新会南）。元朝大将张弘范向元世祖报告说，如果不迅速扑灭南方的小朝廷，恐怕有更多的宋人响应。元世祖就派张弘范为元帅，李恒为副帅，带领精兵两万人，分水陆两路南下。张弘范先派兵攻打驻守在潮州的文天祥。文天祥兵少势孤，被迫转移到海丰的一座荒山岭，最终被俘虏了。

元兵把文天祥送到张弘范大营，张弘范假意殷勤，给文天祥松了绑，把他留在营里，接着，就下命令集中水军开往厓山。元军到了厓山，张弘范先派人向张世杰劝降。张世杰说："我知道投降元朝，不但可以活命，而且可以得到富贵。但是，我宁可丢脑袋，也决不变节。"

张弘范眼看劝降毫无希望，就只有拼命攻打。厓山在我国南部海湾里，背山面海，地势险要。张世杰在海上把一千多条战船排成一字阵，用铁索连接起来，决心跟元军决一死战。元军用小船装满茅草，浇足油，点着火，乘着风势向宋军发起火攻。张世杰早预料到这一招，提前在船上涂上厚厚的一层湿泥，还缚了一根根长木头，顶住元军的火船。张弘范的火攻失败了，就用船队封锁海口，断绝了张世杰通往陆地的交通。宋军在海上饿了吃干粮，渴了喝海水。海水又咸又苦，兵士们喝了纷纷呕吐。张弘范指挥元军发起猛攻，宋军誓死抵抗，双方相持不下。

这时候，元军副统帅李恒也从广州到厓山跟张弘范会师。张弘范增强了实力，重新组织力量进攻。他把元军分为四路，围攻宋军。元军先从北面乘潮攻击，失败后顺潮而退。这时，忽然听到张弘范的船奏起音乐来。宋军听了，以为元将正在举行宴会，稍微松懈了一下，哪想到这个乐声恰恰是元军总攻的讯号。乐声一起，张弘范的船发起进攻，箭如雨一样射向宋军战船。元军在乱箭掩护下，夺了宋军七艘战船。各路元军一起猛攻，从晌午到傍晚，厓山的海上，海潮汹涌，杀声震天。

张世杰正在指挥战斗，忽然看见一条宋船降下了旗，停止抵抗，其他战船也陆续下了旗，张世杰知道大势已去，急忙把精兵集中在中军，又派人驾驶小船，准备把赵昺接过来，组织突围。

赵昺的船由陆秀夫把守着。他弄不清张世杰派去接赵昺的小船是真是假，怕小皇帝落在元军手中，就拒绝了使者的要求。他回过头对赵昺说："国家到了这步田地，陛下也只好以身殉国了。"说完，就背着赵昺一起跳进了大海，被滚滚波涛淹没了。

张世杰没有接到赵昺，只好指挥战船，趁着夜色朦胧，突围撤退到海陵山。他清点了一下战船，一千多条战船只剩下十几条。这时候，海岸又刮起了飓风，有人劝张世杰登岸避风。张世杰坚持不肯上岸。一阵巨浪袭来，把他的船打沉了。这位誓死抵抗的南宋将领最终落水牺牲。

1279 年，元朝统一了中国，南宋宣告灭亡。

惨遭诬陷的岳飞

> 莫等闲，白了少年头，空悲切。
>
> ——岳飞

岳飞（1103—1142），字鹏举，著名军事家、抗金名将，南宋"中兴四将"（岳飞、韩世忠、张俊、刘光世）之一。

岳飞二十岁投军抗金。他率领的军队被称为"岳家军"，金人流传着"撼山易，撼岳家军难"的说法。

1141年，金准备与宋议和，兀术派使者送密信给秦桧说："你天天向我们求和，但是留着岳飞，我们不放心。一定得想办法把他除掉。"秦桧接到密信，就向岳飞下毒手了。秦桧先唆使他的同党、监察御史万俟卨向朝廷上了一道奏章，攻击岳飞骄傲自大，捏造岳飞在金兵进攻淮西的时候，拥兵不救，放弃阵地等许多"罪名"。之后，又有一批秦桧同党接二连三上奏章弹劾岳飞。岳飞被罢官，赋闲家中。

事情并没有到此结束。秦桧勾结张俊，唆使岳家军的部将王贵、王俊，诬告另一个部将张宪想发动兵变，帮助岳飞夺回兵权，还诬告岳飞的儿子岳云曾经写信给张宪，秘密策划这件事。秦桧根据王贵、王俊两个奸徒的诬告，先把张宪抓起来送进大理寺大狱，严刑拷打，张宪宁死不招。接着，秦桧又奏请高宗下令逮捕岳云、岳飞，到大理寺受审。

当岳飞到大理寺的时候，张宪已被拷打得遍体鳞伤，浑身是血，不像个人样儿。岳飞见了，心里既难过又气愤。秦桧派御史中丞何铸审问，岳飞一句话也不回答，他扯开上衣，露出脊梁让何铸看，只见岳飞背上刺着"尽忠报国"四个大字，痕迹很深。何铸一看，大为震动，不敢再审，就把岳飞押回监狱，再看了一些案卷，觉得确实没有证据证明岳飞谋反，只好向秦桧照实回报。

秦桧认为何铸同情岳飞，于是不再让他审问。秦桧又命万俟卨审问岳飞。万俟卨拿出王贵、王俊的诬告状，放在岳飞面前，吆喝着说："朝廷哪里亏待你们三人，为什么要谋反？"岳飞说："我没有什么对不起国家的地方。你们掌管国法的人，可不能诬陷忠良啊！"旁边的官员们也七嘴八舌地附和万俟卨，硬说岳飞想谋反。岳飞知道这群家伙都是秦桧的同党，申辩也没有用，就长叹一声说："我今天落在奸贼的手里，虽然有一片忠心，也没法申诉了。"

万俟卨一口咬定岳云曾经写信给张宪，布置夺军谋反的计划。他们没有物证，就诬说原信已经被张宪烧毁了。万俟卨反复拷问岳飞等人，岳飞受尽酷刑，什么都不承认。有一天，万俟卨又逼岳飞写供词，岳飞只在纸上写下八个大字："天日昭昭，天日昭昭。"这个案件拖了两个月，审讯毫无结果。朝廷官员都知道岳飞冤枉，有些官员大胆上奏章替岳飞申冤，结果也遭到秦桧陷害。

已赋闲在家的老将韩世忠忍不住亲自去找秦桧，责问他凭什么说岳飞谋反，到底有什么证据。秦桧蛮横地说："岳飞的儿子岳云给张宪的信，虽然没有证据，但是这件事莫须有（就是'也许有'

超越自我
——以大局为重的决策力

的意思)。"

韩世忠气愤地说："'莫须有'三个字，怎能叫天下人心服？"韩世忠据理力争，但最终还是没有结果。

1142年，岳飞与岳云、张宪同时被害。临安狱卒隗顺偷偷地把他的遗体埋葬起来。直到宋高宗死后，岳飞的冤案才得到平反昭雪，人们把岳飞的遗骨改葬在西湖边栖霞岭上，后来又在岳飞墓的东面修建了岳王庙。现在，在庄严雄伟的岳王庙大殿里，端坐着全身戎装的岳飞塑像，塑像上方悬挂的匾额上，刻着岳飞亲笔写的"还我河山"四个大字，使人肃然起敬。在岳飞墓前，还放着用铁浇铸的秦桧、王氏、万俟卨和张俊四个反绑双手的跪像，反映了人们对英雄的景仰和对奸贼的憎恨。

不弃城不投降的史可法

臣心一片磁针石，不指南方不肯休。

——文天祥

史可法是一位著名的抗清将领。他在明朝末年清军大举入侵之际，率领扬州军民奋起抵抗，城破被俘，壮烈牺牲。直到今天，扬州一带还流传着许多关于史可法抗清的故事。

1644 年，明朝镇守山海关的总兵吴三桂投降清朝。他带领清军进入山海关，占领了北京，许多明朝大臣都到街上排队迎接清军。一些没有投降的大臣逃到南京，拥戴一个叫朱由崧的皇亲做皇帝，建立起南明政权。南明大臣中，史可法的威望最高，朱由崧就任命他为兵部尚书，派他镇守扬州，抵抗清军。

史可法一心想打退清军，恢复大明江山。他到扬州以后，同士兵同甘共苦。士兵没吃饱，他决不先吃饭；士兵没添衣，他也决不先多加一件衣服。他教育士兵要提高警惕，防备敌人来偷袭。他自己也以身作则，整天住在军营里不回家，甚至连夜里睡觉也不脱铠甲。他还设立了"礼贤馆"，专门接待从四面八方来投奔的人士。可是那时候在南明政府里，像史可法这样忠心为朝廷的人太少了，大多数人都是整天花天酒地。

1645 年，清豫亲王多铎统率大军渡过黄河，向南明大举进攻。史可法得到消息，立刻发出告急文书，要各地派兵救援扬州，可是左等右等，也没见到一个援兵的影子，他只好横下心，决定死守扬州。

不久，清军到了扬州城下。多铎打听到守城的主将是史可法，就写了一封劝降信，让明朝降将李遇春拿着信去见史可法。可是李遇春还没走近城墙，就被城上一阵乱箭给射回来了。多铎以为李遇春没把话说明白，又派了一个使者去劝降。史可法叫人把那个使者绑起来，扔到了护城河里。后来多铎又一连给史可法写了五封劝降信，史可法连信封都没拆开，就给烧了。多铎气坏了，立刻指挥大军，把扬州城里三层外三层包围起来。史可法知道一场残酷的大战就要开始了。他把全体将士集合起来，说："扬州是南京唯一的屏障，如果扬州失守，南京就很难保住，我决心死守扬州。"他从坚

超越自我
——以大局为重的决策力

守扬州的重要性说到南明面临的危急形势，又说到古代仁人志士为国家前仆后继慷慨捐躯的动人事迹。说到激动处，史可法忍不住放声大哭，将士们没有不感动的，都举着兵器说："史大人放心，我们愿与扬州共存亡！"

第二天，清军开始发动进攻。多铎专门调来红夷大炮，对着城墙猛轰，把城墙打破了好几处。史可法指挥扬州军民，英勇抵抗，用沙袋堵住城墙缺口，一直激战到晚上，才把清军打退。

史可法知道扬州迟早会被攻破，就对几个心腹说："我已经下了决心，扬州被攻破之日，就是我史可法杀身报国之时，哪位将军愿意到时候助我一臂之力？"将士们都拿袖子擦眼睛，难过地说不出话来。有一个叫史德威的副将说："末将愿助大人一臂之力。"史可法听了非常高兴，就说："我没有儿女，从今以后，你就是我的义子。"

清军一连攻了三天，都没有攻下扬州。到了第四天，多铎又调来许多红夷大炮，集中起来轰击扬州城的西北角，把城墙轰塌了，大批清军就像蝗虫一般从这个口子涌进城里。扬州城终于失守了。

史可法见扬州城已被攻破，立刻拔出宝剑要自杀，身边的几个将士扑上去抱住他的胳膊，不让他动手，急得他放声大喊："德威在哪里？快来帮我一把！"史德威在一旁直淌眼泪，怎么也下不了手。将士们就保护着史可法往外冲，没想到正好遇到一队清军人马，所有的将士都战死了。有的清兵还想拿刀往没有断气的明军将士身上砍，史可法大喊一声："住手！我是史可法！"他的眼睛射出两道光芒，把清兵们都吓了一大跳。他们立刻围住他，带他去见多铎。

多铎说："史先生，我过去给你写了许多信，你都没有回音，现在你落到我的手里，是不是可以回心转意了呢？"史可法瞪着眼睛说："我身为大明的臣子，绝不会贪生怕死，你要杀就杀，不用废话。"多铎很钦佩史可法的忠肝义胆，又说："你对明朝已经尽了忠，我们大清也很敬佩先生的为人，只要你归顺我们……"没等他把话说完，史可法就斩钉截铁地说道："我早已决心同扬州共存亡，今天扬州既然已经被你们攻破了，我只求一死，决不会投降。"多铎叹了口气，说："可惜明朝像你这样的忠臣太少了，今天我就成全你吧。"

史可法就这样被清军杀害了。

史可法死后不久，史德威悄悄回到扬州寻找他的遗体。可是扬州城经过清军大屠杀，大街小巷全是尸体，而且许多尸体已经腐烂得辨认不出面目来。史德威怎么也找不到史可法的遗体，只好把史可法生前穿过的袍子和用过的朝笏带回去，埋葬在扬州城外的梅花岭上，这就是扬州城外有名的史可法衣冠冢。直到今天，人们还经常怀着景仰的心情，到这里来凭吊、追念这位至死不屈的英雄。

少年英雄夏完淳

以身许国，何事不敢为？

——岳飞

夏完淳（1631—1647），原名复，字存古，号小隐，别号灵首，乳名端哥，南明诗人，明末少年抗清英雄。

弘光政权瓦解以后，东南沿海一带的抗清力量继续战斗。1645年，明朝官员黄道周等人在福建另立明朝宗室、唐王朱聿键即位，历史上称为隆武帝。另一部分官员则在绍兴拥戴鲁王朱以海监国。

为了对付抗清力量，清朝廷派了在松山战役中投降清朝的洪承畴总督军事，招抚江南。

这时候，在松江（今属上海）有一批读书人也在酝酿抗清，领头的是夏允彝和陈子龙。夏允彝有个十五岁的儿子叫夏完淳，他是陈子龙的学生。夏完淳自小读了不少书籍，能诗善文，在他的父亲、老师影响下，也积极参与抗清斗争。

仅靠几个读书人要组织义军是不行的。夏允彝有个学生叫吴志葵，是吴淞总兵，手中有一些兵力。他们说服吴志葵一起抗清，吴志葵答应了，派出一支人马担任先锋队攻打苏州。一开始还比较顺利，先锋队攻进了苏州城，但是吴志葵临阵犹豫，没有及时增援，结果进城的义军被围牺牲，吴志葵的主力在城外也被击败。

不久，清军围攻松江，夏允彝父子和陈子龙冲出清兵包围，到乡下隐蔽起来。清兵到处搜捕，想引诱夏允彝出来自首。夏允彝不愿落在清兵手里，投到河塘里自杀。他留下遗嘱，要夏完淳继承他的抗清遗志。

父亲的牺牲使夏完淳万分悲痛，也使他反清复明的决心更加坚定。他和陈子龙秘密回到松江，准备再组织起义军。这时候，他们打听到太湖长白荡有一支由吴易领导的抗清义军，正在重整旗鼓。夏完淳把家产全部变卖了，捐献给义军做军饷，在吴易手下当了参谋。他还写了一道奏章，派人到绍兴送给鲁王，请鲁王坚持抗清。鲁王听说上书的是个少年，十分赞赏，封给夏完淳中书舍人的官衔。吴易的水军在太湖边出没，把清军打得晕头转向，但是最终义军还是失败了，吴易也牺牲了。

过了一年，陈子龙又秘密策反清朝的松江提督吴胜兆反清，这次兵变不幸又失败了，吴胜兆被杀害，陈子龙也被清军逮捕。陈子龙不愿受辱，在被押解到南京的船上，挣脱绳索，跳河自杀。在夏完淳正在为失去他的老师而悲痛之时，因为叛徒告密，他自己也被捕了，清军派重兵把他押到南京。

夏完淳在监狱里被关押了八十天。他给他亲友写了许多可歌可泣的诗篇和书信。死亡的威胁并没有使他恐惧，让他感到伤心的是没有实现他恢复中原的壮志。对夏完淳的审讯开始了，主持审讯的正是招抚江南的洪承畴。洪承畴知道夏完淳是江南出名的"神童"，想用软化的手段使夏完淳屈服。他问夏完淳："听说你给鲁王写过奏章，有这事吗？"夏完淳昂着头回答："正是我的手笔。"洪承畴装出一副温和的样子说："我看你小小年纪，未必会起兵造反，想必是受人指使。只要你肯回头归顺大清，我给你官做。"夏完淳假装不知道上面坐的是洪承畴，厉声说："我听说我朝有个洪亨九（洪承畴的字）先生，是个豪杰人物。当年松山一战，他以身殉国，震惊中外。我钦佩他的忠烈。我年纪虽然小，但是杀身报国，怎能落在他的后面。"这番话把洪承畴说得满头是汗。旁边的兵士以为夏完淳真的不认识洪承畴，提醒他说："别胡说，上面坐的就是洪大人。"夏完淳"呸"了一声说："洪先生为国牺牲，天下人谁不知道。崇祯帝曾经亲自设祭，满朝官员为他痛哭哀悼。你们这些叛徒，怎敢冒充先烈，污辱忠魂！"说完，他指着洪承畴骂个不停。洪承畴被骂得脸色越来越难看，不敢再审问下去，一拍惊堂木，喝令兵士把夏完淳拉出去。

1647 年，这位少年英雄在南京西市被害。他的朋友把他的尸体运回松江，葬在他父亲的墓旁。到现在，在松江西还保留着夏允彝、夏完淳这对英雄父子的合葬墓。

爱憎分明的齐白石

> 丹青不知老将至，富贵于我如浮云。
>
> ——杜甫

齐白石（1864—1957），原名齐纯芝，字渭清，后取名齐璜，字濒生，号白石，别号寄萍老人、借山吟馆主者等。他是中国近现代著名的书画家。

齐白石生前爱憎分明，痛恨日军，痛恨汉奸、特务。1937年七七事变后，齐白石辞去一切教职，闭门不出。1939年，他在门口贴出"告白"，以此拒绝卖画给日伪大小头目，拒绝与他们打交道。

抗日战争时期，沦陷区一些文人对于日本侵略者高官厚禄的利诱，趋之若鹜，甚至感恩戴德，甘为走狗。他们将民族大义置于脑后，丧失了国格、人格，纷纷粉墨登场，出任伪职。而齐白石、张大千、李苦禅等爱国画家在极其险恶的环境中，仍然保持着自己的民族气节和人格尊严，对日本侵略者和汉奸等横眉冷对，拒绝出任伪职，不畏强暴，甚至冒着生命危险，以各种方式进行斗争。

北平沦陷后，齐白石毅然辞去受敌伪控制的北平艺专的教授职务。一些敌伪头目，时常找齐白石索要字画，作为一个有爱国心的画家，怎能甘心听从那些恶人的使唤？他在大门上贴了"画不卖与官家，窃恐不祥"，"白石老人心病复作，停止见客"等字条。有人为他担心，更有人劝他明哲保身，不要触怒敌伪政权的人。但齐白石毫不畏惧，他宁可挨饿受冻，也决不去取媚于那些人。他在诗中写道："寿高不死羞为贼，不丑长安作饿饕"，显露出他不屈不挠的民族气节。

一天，日本控制下的北平伪机关派人把齐白石接去，强迫他宣传所谓的"中日共荣"，宣传日本人的强盗理论。齐白石坚决拒绝，宁死不答应，因而被恼羞成怒的日本人扣留了三天，后来被人保释回家。他到家后愤然挥笔写下"子子孙孙不得做日本官"的誓言，表示自己抗拒到底的决心。日本侵略者驻华北地区的头目曾多次派人到齐白石家，诱劝他到日本去，加入日本国籍。齐白石断然拒绝，说："齐璜是中国人，不去日本。你们要齐璜，可把齐璜的头拿去。"

伪华北政务委员会委员长王克敏派人将齐白石在银行的存款全部没收，威逼齐白石为他作画。齐白石义愤难平，于是提笔泼墨，挥毫作画一幅，亲自加封，找人送至王宅。恰好当天王克敏在家举办宴会，敌伪华北头面人物聚集一堂。王克敏以为齐白石"就范"，送画祝贺，喜出望外，当众将画打开。原来所画的是一张《群鼠图》，上面还提了讽刺王克敏一类人的词。观者目瞪口呆，王克敏羞恼得说不出话来。

这个时期，齐白石的螃蟹画很多，朋友见他这样，担心有人借故寻事，劝他多加注意。齐白石不以为然："我残年遭乱，只有一条老命，还有什么可怕的呢?"他依然这样画下去，进行着自己特殊的斗争。

齐白石在北平所表现出的民族气节，赢得了人们的赞誉。抗战胜利后，齐白石画展在重庆举办，展出了一百余幅精致的作品。《新华日报》发表专文对齐白石的画技和人格作了高度评价:"白石先生不仅在画技上有超人之处，以先生的品格来说，北平陷敌后，在那里住了八年，未作一画，并拒绝了敌伪的教授之聘，这种高尚的节操，实为艺林生光。"

人们常说:"画如其人。"齐白石等画家之所以能创作出令人瞩目的艺术精品，是与其高尚的人格分不开的，是与其爱国主义精神密不可分的。他们的作品被人们所喜欢，他们高尚的人格和崇高的民族气节更为人们欣赏、传颂。

为求变法以身殉义的谭嗣同

> 我自横刀向天笑，去留肝胆两昆仑。
>
> ——谭嗣同

谭嗣同（1865—1898），字复生，号壮飞，又号华相众生，湖南浏阳人，清末巡抚谭继洵之子。他善文章，好任侠，长于剑术。

1898 年，谭嗣同参加戊戌变法。变法失败后，维新派的骨干纷纷避难，谭嗣同却不逃也不躲，反而准备劫狱救出光绪皇帝。由于看守太严，没有机会动手。有人劝谭嗣同赶快出逃，谭嗣同坚决不同意。

后来，日本使馆派人和谭嗣同联系，表示对他"可以设法保护"。他却慨然说道："大丈夫不做则已，做事则磊磊落落，一死何足惜！且外国变法，未有不流血者，中国变法流血者，请自谭嗣同始。"不久，他和康广仁、林旭、杨锐、刘光第、杨深秀等变法骨干相继被捕。

他的好友设法来到狱中，再次希望谭嗣同逃生。谭嗣同在狱中墙壁上挥笔写下《狱中题壁》一诗："望门投止思张俭，忍死须臾待杜根；我自横刀向天笑，去留肝胆两昆仑。"抱定以身殉义的决心。

1898 年 9 月 28 日，谭嗣同在北京宣武门外的菜市口刑场英勇就义。同时被害的维新人士还有林旭、杨深秀、刘光第、杨锐、康广仁，六人并称"戊戌六君子"。临刑的时候，谭嗣同慷慨陈词："有心杀贼，无力回天，死得其所，快哉！快哉！"

断指写血书的徐特立

徐特立（1877—1968），原名懋恂，字师陶，中国无产阶级革命家、教育家，湖南长沙人，毛泽东和田汉等著名人士的老师。

徐特立"一生都在教书"，他自身的革命精神、高尚的情操和优秀的品质就是没有字的教科书，教育和激励着一代又一代的青年学生。

毛泽东对徐特立的评价很高，曾在给他的一封信中说："你是我二十年前的先生，你现在仍然是我的先生，你将来必定还是我的先生。当革命失败的时候，许多共产党员离开了共产党，有的甚至跑到敌人那边去了，你却在 1927 年秋天加入共产党，而且取的态度是十分积极的。从那时至今长期的艰苦斗争中，你比许多青年壮年党员还要积极，还要不怕困难，还要虚心学习新的东西。什么'老'，什么'身体精神不行'，什么'困难障碍'，在你面前都降服了。"

1906 年，徐特立进入周南女校教书，阅读了《民报》《猛回

头》《新湖南潮》等革命刊物，思想上发生了变化，积极从事革命
活动，并指引学生关心国家和民族的命运。后来，他在长沙修业学
校作时事报告，痛斥了帝国主义在中国的侵略行为，列举了一桩桩
传教士毒害中国人民的惨案。他越讲越愤怒，慷慨激昂，声泪俱
下。忽然，他当众用菜刀砍下自己左手的一截手指，用鲜血写下了
"驱除鞑虏，恢复中华"八个大字，以表示对帝国主义的愤恨和雪
耻的决心。事后，省内外许多报纸都在显著位置报道了这一消息，
徐特立的爱国壮举教育了各界人士，激发了许许多多教师和学生的
爱国热情。

殉节忘身的张煌言

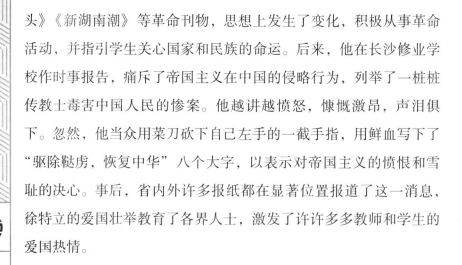

常思奋不顾身，以徇（殉）国家之急。

——司马迁

1645 年，清军进占南京，分兵进攻江浙一带。所到之处，民不
聊生，激起了各地人民的强烈反抗。闰六月十二日，鄞县（今宁
波）士绅钱肃乐在城隍庙召开士绅大会，动员人们武装起义，抵抗
清军。这一天，年仅二十六岁的举人张煌言在集会上慷慨陈词，坚
决主张武装抗清。从此，他开始了长达十九年的抗清斗争生涯。

1662 年，南明永历帝在昆明被吴三桂杀害。同年，在台湾抗清的郑成功病死，鲁王也死于金门。抗清斗争的局势每况愈下，浙东一隅只剩张煌言独力支撑。清朝为了消灭浙东最后一支抗清武装，一面发动军事进攻，一面采取迁界政策，强迫沿海居民迁往内地，严禁渔船、商船出海，割断义军与沿海居民的联系。在这种形势下，张煌言为了保存实力，不得已于 1664 年遣散义军，隐居在舟山附近的悬嶴岛上。悬嶴岛荒凉偏僻，没有居民。张煌言和几个随从造了几间茅屋，居住下来。他置棺室内，悬剑帐边，嘱咐部下：万一清兵前来搜捕，他就拔剑自刎，并要部下随即将他的尸身殓棺埋葬，以免落入清兵手中。张煌言暂时销声匿迹，使清朝官吏如芒在背，清廷便下令悬赏通缉张煌言。

　　一日，张煌言派人到舟山买米。那人被清兵捉住，经不起严刑拷打，供出了张煌言居住的地方。清兵在一个伸手不见五指的黑夜，悄悄包围悬嶴岛。待张煌言发觉，正欲拔剑自刎，不料被床帐裹住，以致身陷敌手。

　　张煌言被押解回去时，头戴方巾，神态自若。乡亲父老见之无不伤心落泪。浙江提督张杰劝他投降，张煌言斩钉截铁地回答："父死不能葬，国亡不能救，今日但求一死而已！"张杰见诱降无效，奉浙江总督赵廷臣之命，将张煌言押往杭州。那天，成千上万百姓涌上街头饮泣告别，许多人摆上香案跪地送行。张煌言穿着宽衣博袖的明朝衣冠，走下囚轿，稳步来到江边。上船前，他撩袍下跪，撮土为香，朝镇海方向拜了四拜，祝祷道："大明兵部尚书、孤臣张煌言辞别故里。"祝完，站起身来，向送行的百姓跪了下去，说道："煌言向父老乡亲们告辞了。"说完，叩头拜了四拜。顿时，人群中一片哭声。在船上，一天半夜，有个看守他的差役忽然低声唱起"苏武牧羊"的歌曲来，张煌言情不自禁扣舷和唱，并对差役说："你也是一个有心人啊！我已决心以死报国，请你放心吧！"张煌言被押到杭州，赵廷臣假惺惺地以礼相待，并唆使一些人来劝张煌言投降，张煌言在囚牢的墙壁上愤怒地写下了《放歌》一诗，以表明自己誓死不投降的决心和意志。

1664年，张煌言被押到刑场，望着钱塘江上的两岸青山，痛惜道："大好河山，竟使沾染腥膻！"于是向监斩的书吏索要纸笔，写下绝命诗一首："我年适五九（即四十五岁），复逢九月七。大厦已不支，成仁万事毕。"然后端坐在地上英勇就义。

第八章

明辨是非　心怀祖国

顾炎武：天下兴亡，匹夫有责

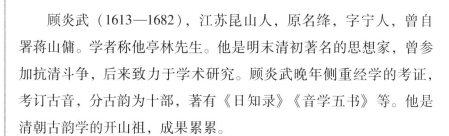

善观人者，观其所言而已矣。

——章学诚

顾炎武（1613—1682），江苏昆山人，原名绛，字宁人，曾自署蒋山佣。学者称他亭林先生。他是明末清初著名的思想家，曾参加抗清斗争，后来致力于学术研究。顾炎武晚年侧重经学的考证，考订古音，分古韵为十部，著有《日知录》《音学五书》等。他是清朝古韵学的开山祖，成果累累。

顾炎武学术的最大特色，是一反宋、明理学的唯心主义的玄学，而强调客观的调查研究，开一代之新风，提出"君子为学，以明道也，以救世也。徒以诗文而已，所谓雕虫篆刻，亦何益哉？"顾炎武强调做学问必须先立人格，提倡"天下兴亡，匹夫有责"。

自从平定三藩之乱以后，清王朝在中国的统治稳定下来了。但是，还有一点叫康熙帝不大放心，他怕有些明朝留下来的文人心里不服。于是，他采用了开"博学鸿词科"的办法，命令各地官员把有学问的文人推荐给朝廷，通过考试的就给予相应的官职。这一招果然很灵，不少著名的学者、文人应召到京城，做起官来了。但是也有一些学者认为，他们是明朝的臣民，到清朝做官是丧失气节的事，他们宁愿冒杀头的危险，也不肯应召。其中有一个是著名的思想家顾炎武，有人想推荐他应博学鸿词科，他写信回答说："我这个七十岁的老翁还巴望个什么？欠缺的就是一死，如果一定要逼我应召，我只能一死了之。"

顾炎武出身江南大族，他的祖父是个很有见识的人，认为读书一定要联系实际。顾炎武受祖父影响，从小喜欢读《资治通鉴》《史记》和孙吴兵法等书，十分关心时事。后来参加科举，没有考中，就干脆放弃科举，通读历史典籍，研究全国各地的地方志和历代名人奏章，开始编写一本重要的历史地理著作——《天下郡国利病书》。

正当他用心治学的时候，明朝灭亡，清兵南下，江南各地都在组织抗清斗争，顾炎武和他的两位好友也参加了保卫昆山的战斗。昆山军民跟清军激战二十一天后，因为兵力悬殊，最终失败。昆山城陷落的时候，顾炎武的生母被清兵砍断了右臂，抚养他的婶母（也是他的嗣母），听到清兵攻破常熟，就绝食自杀，临死时嘱咐顾炎武说："希望你不要做清朝的臣子，我死后也可以闭上眼睛了。"

顾炎武痛哭一场，安葬了他的婶母。他想渡海去投奔鲁王，还没有去成，鲁王政权已经覆灭了。顾炎武隐姓埋名，在长江南北一带奔走，想组织一支抗清义军，但毕竟势孤力单，没能成功。

当时，沿海和太湖一带还有零星的抗清活动，清朝官府防备很严，发现有抗清嫌疑的人，就要加上"通海"的罪名，打进监狱。昆山有个豪族叫叶方恒，他想吞没顾炎武家的田地，于是买通顾家的仆人，诬告顾炎武通海。叶方恒还把顾炎武抓起来，私设公堂，逼他自杀。

顾炎武的一些朋友为了搭救他，去找在清朝做官的钱谦益帮忙。钱谦益本来是南明弘光政权的礼部尚书，又是个出名的文学家，清兵下江南的时候，他投降了清朝，名声不好。钱谦益表示，只要顾炎武承认是他的学生，他愿意保顾炎武出狱。那位朋友知道顾炎武不肯那样做，就自作主张，替顾炎武拜钱谦益为师。

这件事让顾炎武知道了，直怪那朋友多事，非要把名帖讨还不可。朋友不肯讨还，他索性托人在大街上贴告白，声明那张名帖是假的，弄得钱谦益十分尴尬。

经过朋友们的多方奔走，顾炎武被释放出来。叶方恒还不肯罢休，派人跟踪他。有一天，顾炎武在南京太平门外经过，遭到暴徒袭击，头部受了重伤，幸亏有好心人救护，才脱离危险。顾炎武知道，在江南他是待不下去了，决心到北方去游历。顾炎武到北方去，一来想考察各地的地理形势和风俗民情；二来也想找机会结交一些志同道合的朋友，进行抗清活动。他在长途跋涉的艰苦过程中，并没有放弃学术研究。一路上，他用两匹马、四头骡子驮着他的书箱。遇到关塞险要的地方，他就访问当地的退伍老兵，了解那里的风土人情。如果跟他在书本上读到的不一样，他就拿出书本核对，这样他的知识就更丰富了。

顾炎武从四十五岁起，用了二十多年时间奔走在各地，每年差不多有一半时间住在旅店里。到了晚年，他才在陕西华阴定居下来。

顾炎武从小就有个阅读习惯，有一点心得就记下来，如果后来发现错误，就随时修改；发现跟古人议论重复的，就删掉。他日积月累，再结合他从调查访问得到的材料，编成一本涉及吏治、财赋、史地、艺文等内容的书，叫作《日知录》。这书内容极其广泛，被公认为极有学术价值的著作。在《日知录》里，他写了一段精辟的话："保天下者，匹夫之贱，与有责焉耳矣！"他认为社会的道德风气败坏，就是亡天下，为了保天下不亡，每一个地位低微的普通人都应负起责任。"天下兴亡，匹夫有责"这句名言就是这样来的。

跟顾炎武同时代的思想家，还有王夫之、黄宗羲。他们都曾参加过抗清斗争，始终不愿应召到清朝做官。他们在学术上都有很大的成就，并称为"清初三先生"。

立志回国不要美金的李四光

> 瞒人之事弗为，害人之心弗存，有益国家之事虽死弗避。
>
> ——吕坤

1889 年 10 月 26 日，李四光出生在湖北黄冈的一个贫苦家庭。他从小勤奋好学，早年以优异的成绩考上省城武昌高等学校。离开家乡坐船去武昌上学时，李四光看见帝国主义军舰在长江里横冲直撞，激起的大浪掀翻了中国的小木船，非常气愤，发誓一定要学造船，造出大军舰，把洋人赶出长江，赶出中国。后来，李四光以优异的学习成绩被保送去日本学习。李四光学成归国后，仍感知识不足，决定继续学习，积蓄力量。于是，李四光又远渡重洋，去英国伯明翰大学学习采矿。学了一两年，他想中国地大物博，矿藏一定很丰富，因此第一重要的是要找到铁矿、煤矿、石油。而要掌握打开地下宝库的钥匙，就得学地质学，于是他进了地质系学习地质，同时还兼学物理系的课程。

1948 年，李四光接受国际地质学会的邀请去英国伦敦，在第十八届国际地质学会上作了《新华夏海之起源》的学术报告，博得与会者的一致赞誉。一天清晨，李四光在报纸上看到一则消息："11 月 2 日沈阳解放……"新中国就要诞生了！他激动得热泪盈眶。在剑桥大学中国留学生举行的年会上，他激动地说："我虽然六十岁了，身体一直不好，但我一定要回到祖国去，把自己的余生奉献给新中国！"国民党驻英国大使馆秘书找到李四光，掏出了一张五千美金的支票，说："你向世界发表个公开声明，否认中华人民共和国。"又威胁说："你如果不肯，我们将采取必要措施，将你扣留在国外。"李四光听罢气愤至极，当即严厉斥责："我归国之心能用金钱收买吗？我要回国，不要美金！"李四光冒着被扣留的危险，排除万难，终于踏上了祖国的土地，实现了他为祖国效力的愿望。

中华人民共和国成立后，李四光对我国的能源、地震、矿产资源等方面都提出了重要的指导性意见，推动了我国地质工作的开展。经过长期的研究和考察，李四光认为不论是海相地层还是陆相地层，只要具备了生油的条件和储油的地质构造，就能找到大油田。李四光的重大贡献之一就是打破了"中国贫油论"的错误论断，为中国人民找到了大油田。

以民族大义为重的高剑父

高剑父，名崙，字剑父，中国近现代国画家、美术教育家、岭南画派创始人之一。1879 年 10 月 12 日生于广东番禺，1951 年 6 月 22 日卒于澳门。

作为著名的国画大师、岭南画派的创始人之一的高剑父，早年曾追随孙中山，为中国革命事业做出了巨大的贡献。

九一八事变发生后，高剑父站在人道主义的立场，义正词严地发表《对日本艺术界宣言并告世界》，愤怒地谴责日本侵略者的暴行，号召全世界有良知的艺术家行动起来，与违背人道主义的法西斯暴行作坚决的斗争。

上海一·二八事变后，高剑父画出《淞沪浩劫》（后改名为《东战场的烈焰》），把侵略者的滔天罪行暴露在世人面前。画面上表现的是被日军野蛮炮火轰击下出现的烈火冲天、浓烟弥漫、楼屋倒塌、设施俱毁的景象。近景是碎瓦破砖，焚烧着的电线杆杂乱横倒在地；远景屹立着被轰炸后的断壁残垣。这荒凉悲惨的景象怎能不勾起观画者对人类文化破坏者的无比愤恨呢？

过去在同盟会时，高剑父、陈树人与汪精卫私交甚笃，后来汪精卫背叛祖国，投靠日本，高剑父、陈树人即以民族大义为重，与之决绝。汪精卫曾多次企图拉高剑父落水，但高剑父始终加以拒绝，并对人说："此乃大节攸关，我与汪虽是深交故旧，至此亦不能不断绝。国难深重，汪精卫已成奸逆，遗臭万年，虽未盖棺，亦可定论。"高剑父赞陈树人为"时穷节乃见"，并常用陈树人的话来教育学生，拒绝参加当时落水文人所组织的汉奸团体。在国家民族危亡的时刻，高剑父始终保持着中国人坚定的民族气节，义无反顾地与投靠侵略者的旧时深交一刀两断，不愧是一个铁骨铮铮的中国汉子、中国画家！

尽忠报国的张自忠

> 水不明则腐，镜不明则锢，人不明则堕于云雾。
>
> ——冯梦龙

张自忠（1891—1940），字荩忱，山东临清人，抗日将领。1911年，在天津北洋法政学堂求学时秘密加入同盟会；1914年，投笔从戎；1917年入冯玉祥部。

1930年中原大战后，冯玉祥军事集团被瓦解，张自忠部被蒋介石收编。1931年后，张自忠曾任多个军中要职。1937年，上海、南京相继沦陷后，日本侵略者又直指徐州，志在夺取这一战略要地。

1938年3月，日军分两路向徐州东北的台儿庄进发。待至临沂、滕县时，同中国军队发生了激烈的战斗。当时守卫临沂的是庞炳勋的第三军团。由于实力过于悬殊，伤亡惨重，庞部急待援军。张自忠奉命调率第五十九军赶来增援。张自忠与庞炳勋原是宿仇，但他以国家、民族利益为重，摒弃个人恩怨，率部与庞部协力作战。敌军在飞机大炮掩护下，配合坦克、装甲车向茶叶山阵地发起进攻。张自忠以"拼死杀敌""报祖国于万一"的决心，与敌激战，反复肉搏。刘家湖阵地失而复得三四次，战况极其惨烈。经过数天鏖战，敌军受到重创，节节败退。中国军队相继收复蒙阴、莒县，歼敌数千人。不久，日军再派坂本旅团向临沂、三官庙发起攻势，妄图有所突破。张自忠和庞炳勋两部奋力拼杀，经彻夜激战，沉重打击了日军，完全粉碎了其向台儿庄前线增援的战略企图。

1940年5月，日军为了控制长江交通、切断通往重庆的运输线，集结大军发动枣宜会战。当时，中国军队的第三十三集团军只有两个团驻守襄河西岸。张自忠作为集团军总司令，本来可以不必亲自率领部队出击作战，但他不顾部下的再三劝阻，坚持由副总司令留守。

5月1日，张自忠亲笔昭告各部队、各将领："国家到了如此地步，除我等为其死，毫无其他办法。更相信，只要我等能本此决心，我们国家及我五千年历史之民族，决不至亡于区区三岛倭奴之手。为国家民族死之决心，海不清，石不烂，决不半点改变。"张自忠率部东渡襄河后，一路奋勇进攻，将日军第十三师拦腰斩断。日军随后以优势兵力对张自忠部实施包围夹攻。张自忠毫不畏缩，指挥部队向敌人冲杀十多次，日军伤亡惨重。

5月15日，日军分南北两路向张自忠率领的部队实行夹击。激战到16日拂晓，张自忠部被迫退入南瓜店十里长山。日军在飞机大炮的掩护下，向中国军队的阵地发起猛攻。张自忠部伤亡人员急剧上升，战况空前激烈。

5月16日，张自忠自晨至午，一直疾呼督战，午时他左臂中弹仍坚持指挥作战。到下午2时，张自忠手下只剩下数百官兵，他将自己的卫队悉数调去前方增援，身边只剩下高级参谋张敬和副官马孝堂等人。他掏出笔向战区司令部写下最后近百字的报告，交给马孝堂时说："我力战而死，自问对国家对民族可告无愧，你们应当努力杀敌，不能辜负我的志向。"之后，张自忠腰部又被机枪子弹击中，他卧倒在地，浴血奋战，最后壮烈牺牲，年仅四十九岁。

张自忠战死后，日本人发现他的遗体，审认无讹后，将其盛殓。在他的遗体运回后方之时，日军收到消息便下令停止空袭一日，避免伤到张自忠的忠骸。可见，张自忠将军在对日抗战中所展现的军人品德，连当时崇尚军国主义的日军都为之感动。

蒋介石惊闻张自忠殉国，立即下令第五战区不惜任何代价夺回张自忠遗骸。将士们抢回张自忠的遗骸后，连夜运往重庆。当灵柩经过宜昌时，全市下半旗，前往吊祭者超过十万人。毛泽东题写了"尽忠报国"的挽词。张自忠殉国后不久，他的夫人李敏慧女士也去世了，夫妻二人合葬于重庆梅花山麓，后建有张自忠烈士陵园。周恩来曾亲自写文章称赞张自忠"其忠义之志，壮烈之气，直可以为中国抗战军人之魂"。

超越自我
——以大局为重的决策力

坚持宣传抗战的唐一禾

> 是非未明，决不轻下判断。
>
> ——陶行知

唐一禾（1905—1944），湖北武昌人，出生于中医家庭。他是中国现代著名的油画家、美术教育家。他不仅在绘画上有着突出的成就，在抗日救亡运动中，也有着非常英勇的表现。

唐一禾作为一名油画大师，以绘画为武器宣传抗战，鼓舞了人民的抗战热情。他创作了油画《武汉警备者》，成功地塑造了保卫祖国大好河山的英勇战士的形象。唐一禾以其出色的构思和生动的艺术语言形象地向人们宣告了这样一个真理：祖国的大好河山、人民的和平生活要用抗日的刀枪来保卫。这幅作品在1937年4月第二届全国美展上引起了轰动。日本侵略者大为恐慌，其驻武汉领事馆拟高价收购。唐一禾、唐义精兄弟俩以"非卖品"为由，毅然拒绝了他们的请求。

除了这一幅《武汉警备者》，唐一禾还创作了一批以抗战与人民生活为主题的绘画作品，我们从中可以强烈地感受到他那热爱祖国和人民的真挚的感情。他的油画代表作《胜利与和平》创作于1942年。这幅画的中间是一位优美典雅的胜利女神，在她的旁边站着一位手持宝剑的英姿飒爽的游击健儿，砍倒了画幅左下角歪斜着的如同野蛮般的日本强盗，使妇女、儿童得救了。这幅画表现了唐一禾坚定的信念——日本侵略者必然被打败，抗战必胜，和平的愿望一定可以实现。这件作品既表现了唐一禾的爱国主义思想，也显示出他高超的技艺和才能，是思想性和艺术性的典范之作。

《"七七"的号角》是唐一禾在 1940 年为创作巨幅油画所作的草图，描绘了当年青年学生组织的一支抗日宣传队。横幅的画面上一列长长的宣传队伍，他们举着旗帜，拿着土喇叭、锣鼓道具……开赴抗日的前方。"画家似乎不准备画一个特定的环境，然而这空白处理却是恰当的，它正好说明了当时举国上下同仇敌忾的抗日情绪，也更好地说明了宣传队活动的舞台之广阔。"

在那个民族矛盾和阶级矛盾极其尖锐的年代里，唐一禾爱憎分明，他对民族敌人的憎恨正是出于他对人民的爱。他创作了一批表现劳动人民的作品，如《村妇》《穷人》等，饱含着他对劳动人民的热爱之情。《村妇》所描绘的是四川农妇赶场休息时的神态。画面上一位农妇的背上背着婴儿，篮子里装的是在集市上卖的母鸡，她的头微微低垂，脸上露出愁惨的表情。唐一禾创作此画的时间是1943 年，反映的背景是四川江津（今重庆江津）农村，其意图是通过此画控诉日本发动的侵华战争，给中国社会造成的民不聊生的悲惨景象。《穷人》描绘的是祖孙两代人的悲惨遭遇，他们衣不蔽体，四处漂泊，老人佝偻着腰背，一手挂着讨饭棍，一手牵着孙子，他那由于饥饿深陷的眼睛失去了光彩，他似乎已经习惯了社会的黑暗，不乞求谁的安慰和同情；他已经不再留恋这人生，只有一丝忧虑通过紧闭的双唇显示出来，那就是不放心身边时常喊肚子饿的孙儿。唐一禾用凝重的颜色处理背景，更加重了这幅画的沉重气氛。不仅表现了抗战时期劳动人民的悲惨生活，更显出中国人民不屈的性格和寄托在后代身上的感情。

陆定一在《〈唐一禾画集〉序》中指出："唐先生的画，是歌颂抗战的，尤其难得的是，他的很多素描和油画表现了对祖国和劳动人民的热爱。现在我们读了他的《村妇》《穷人》《女游击队员》《"七七"的号角》《胜利与和平》，可以看出唐先生对于劳动人民，是如何骄傲地、热情地加以表现。另一方面，唐先生对于民族的敌人和人民的敌人，是不肯卑躬屈节的。"

拒绝厚禄毅然回国的华罗庚

> 苟利国家生死以，岂因祸福避趋之。
>
> ——林则徐

华罗庚，1910 年 11 月 12 日出生于江苏金坛（今常州市金坛区），父亲以开杂货铺为生。他幼时爱动脑筋，因思考问题过于专心常被同伴们戏称为"罗呆子"。他进入金坛县立初中后，老师王维克发现其数学才能，并尽心尽力予以培养。初中毕业后，华罗庚曾入上海中华职业学校就读，因拿不出学费而中途退学。

但此后，他开始顽强自学，每天达十个小时以上。他用五年时间学完了高中和大学低年级的全部数学课程。1929 年，他不幸染上伤寒病，靠妻子的照料得以挽回性命，却落下左腿残疾。二十岁时，他以一篇论文轰动数学界，被邀请至清华大学工作。

从1931年起，华罗庚在清华大学边工作边学习，用一年半时间学完了数学系全部课程。他自学了英文、法文、德文，在国外杂志上发表了三篇论文后，被破格任用为助教。1936年夏，华罗庚被推荐到英国剑桥大学进修，两年中发表了十多篇论文，获得国际数学界赞赏。1938年，华罗庚回国，在西南联合大学任教授。在昆明郊外一间牛棚似的小阁楼里，他写出著名的《堆垒素数论》。1946年，他应邀访问苏联，回国后不顾反动当局的限制，在昆明为青年作"访苏三月记"的报告。同年9月，华罗庚应纽约普林斯顿大学邀请任研究员，并于1948年被美国伊利诺伊大学聘为终身教授。

华罗庚在1946年应聘到美国讲学时，很受学术界器重。当时，美国的伊利诺伊大学以一万美元的年薪，与他订立了终身教授的聘约。华罗庚的生活一下子舒适起来了，不仅有了小洋楼，大学方面还特地给他配备了四名助手和一名打字员。中华人民共和国成立后，一些人以为华罗庚在美国已功成名就，生活优裕，是不会回来的了。然而，物质、金钱、地位并没能绊住他的爱国之心。1950年2月，华罗庚毅然放弃了在美国"阔教授"的待遇，冲破重重封锁回到祖国。途经香港时，他写了一封《致中国全体留美学生的公开信》，抒发了他投身祖国建设的热情。他满腔热忱地呼吁："为了国家民族，我们应当回去！""梁园虽好，非久居之乡。"他毅然带领全家回到祖国。

1950年3月，华罗庚到达北京，随后担任清华大学教授。50年代，他在百花齐放、百家争鸣的学术空气下著述颇丰，还发现和培养了王元、陈景润等数学人才。1956年，他着手筹建中科院计算数学研究所。1958年，他担任中国科学技术大学副校长兼数学系主任。从20世纪60年代初期起，华罗庚开始在工农业生产中推广统

超越自我
——以大局为重的决策力

筹法和优选法，创造了巨大的物质财富和经济效益。之后，他被任命为中科院副院长并于1979年入党。

晚年的华罗庚不顾年老体衰，仍然奔波在建设第一线。他还多次应邀赴各地讲学，被法国南锡大学、美国伊利诺伊大学、香港中文大学授予荣誉博士学位，还当选为美国国家科学院外籍院士。1985年6月12日，他在日本东京作学术报告时，因突发心脏病不幸逝世。

放弃优厚条件毅然回国的钱学森

祖国，我永远忠于你，为你献身，用我的琴声永远为你歌唱和战斗。

——肖邦

钱学森（1911—2009），中国科学家。1911年12月11日生于上海，1934年毕业于交通大学机械工程系，1935年赴美国研究航空工程和空气动力学，1938年获加利福尼亚理工学院博士学位，后留在美国任讲师、副教授、教授以及超音速实验室主任和古根罕喷气推进研究中心主任。1950年开始争取回归祖国，受到美国政府迫害，失去自由，1955年才回到祖国。自1958年起长期担任火箭导弹和航天器研制的技术领导职务。

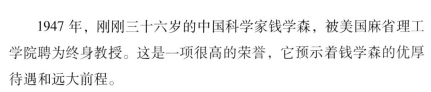

1947 年，刚刚三十六岁的中国科学家钱学森，被美国麻省理工学院聘为终身教授。这是一项很高的荣誉，它预示着钱学森的优厚待遇和远大前程。

美国为什么如此器重钱学森呢？因为他是美国研究航空科学水平最高的专家冯·卡门的优秀学生，是加州理工学院火箭研究小组的五个成员之一。

在冯·卡门的指导下，火箭研究取得了重大进展，为反法西斯战争的胜利做出了贡献。在那些日子里，钱学森显露出卓越的才能。一个在航空科学史上占有重要地位的航空科学公式（即著名的"卡门－钱学森公式"）诞生了。这是由冯·卡门提出命题，钱学森做出结果，至今仍在航空技术研究中广泛使用的一个公式。

然而，当钱学森得知中华人民共和国成立的消息后，这个每时每刻都在想念祖国的科学家，顿时沉浸在极大的喜悦之中。钱学森在美国已经生活了十多年，被誉为"在美国处于领导地位的第一位火箭专家"，金钱、地位、声誉都有了。可他想：我是中国人，我的根在中国。我可以放弃在美国的一切，但不能放弃祖国。我应该早日回到祖国去，为建设新中国贡献自己的全部力量！他还对中国留学生说："国家急需建设人才，我们要赶快把学到的知识用到祖国的建设中去。"

钱学森准备返回中国的决定，引起美国有关方面的恐慌。他们认为，钱学森的专业技术如果带回去，中国的科学技术将高速发展。美国海军的一位领导人曾对美国负责出境的官员说："我宁可把钱学森枪毙了，也不让他离开美国！""钱学森至少值五个师的兵力"。

钱学森的回国计划受到严重的阻挠。美国官方"文件"通知他不准离开美国。本来，他的行李已经装上了驳船，准备由水路运回祖国。可美国海关硬说他准备带回国的书籍和笔记本中藏有重要机密，诬蔑钱学森是"间谍"。其实，这些书籍和笔记本，一部分是公开的教科书，其余都是钱学森自己的学术研究记录。

一波未平，一波又起。几天之后，钱学森突然被逮捕，关押在一个海岛的拘留所里，受到无休止的折磨。看守人员每天晚上隔十分钟进室内开一次电灯，使他根本无法入睡。钱学森的遭遇，引起加州理工学院中坚持正义的同事和学生的同情，在他们和其他正直人士的强烈抗议下，拘留所被迫释放了他。可美国政府对钱学森的迫害并没有停止，他们限制他的行动，监视和检查他的信件、电话等。尽管有种种限制，但钱学森没有屈服，他不断地提出严正要求：坚决要离开美国，回中国去！

在争取回国的日子里，钱学森更加关心祖国的建设事业，经常从《华侨日报》等报刊上了解新中国的情况，和中国科学家、留学生讨论建设祖国的有关问题。为了能够迅速地回国，他租房子只签订短时间的合同。家里准备了三只轻便的小箱子，以便随时搭飞机回中国。

转眼间，五年过去了。钱学森争取回国的斗争得到世界各国正义人士的支持，更得到了中国政府的极大关怀。周恩来总理曾亲自了解他的情况，并指示参加中美两国大使级会谈的中国代表，在会谈中提出钱学森博士归国问题。

1955 年 8 月，这场外交斗争终于取得了胜利，美国政府被迫同意钱学森返回中国。

到达北京的第二天清晨，钱学森就和妻子带着两个孩子来到天安门广场。他激动地说："我相信我一定能回到祖国。现在，我终于回来了！"

冲破重重阻拦回国的钱学森，一头扎进了军事科学的研究。他倾其所学，紧密关注国外的科学动态，不断推出科研新成果，为祖国的国防事业竭思尽智，做出了巨大的贡献。钱学森被誉为"导弹之父"，国务院授予他"两弹一星"功勋奖章。